KATHARINA MÜHL

Glücks-kompetenz

Für Leon

KATHARINA MÜHL

Glücks-kompetenz

In fünf Schritten
zu mehr Lebensfreude
und Zufriedenheit

ecoWING

INHALT

EINLEITUNG 6

WAS IST GLÜCK? 12

Das Glück ist kein Vogerl 14
Was glückliche Menschen anders machen 25

ERSTE GLÜCKSSÄULE:
GIB DEM POSITIVEN VORRANG 30

Die Kraft positiver Gefühle 36
Sechs Wege für mehr gute Gefühle 40
»Negative« Gefühle souverän regulieren 62

ZWEITE GLÜCKSSÄULE:
SETZE DEINE STÄRKEN EIN 78

Lerne deine Stärken kennen 83
Stärken stärken stärkt 94

DRITTE GLÜCKSSÄULE:
FÜHRE GELINGENDE BEZIEHUNGEN 120

Werde dir selbst die beste Freundin 123
Fünf wertvolle Tipps für gelingende Beziehungen 138

VIERTE GLÜCKSSÄULE:

ERFÜLLE DEIN LEBEN MIT SINN 164

»Der Sinn deines Lebens« –
die fünf häufigsten Missverständnisse 167
Verstehe dein Leben rückwärts 176
Entdecke und lebe deine Werte 183

FÜNFTE GLÜCKSSÄULE:

VERFOLGE PERSÖNLICHE ZIELE 190

Wann Ziele glücklich machen, und wann nicht 194
Diese drei Ziele machen langfristig glücklich 207
So formulierst du deine Ziele richtig 215
Mit diesem Mindset erreichst du deine Ziele 218

RAN AN DIE UMSETZUNG 222

Konzentriere dich auf wenige essenzielle Ziele 225
Zerlege dein Ziel in kleine realistische Schritte 228
Wie Gewohnheiten dein Leben dauerhaft verändern 232

ANHANG
Was dir dein Stärkenprofil verrät 236

Die Autorin 239
Literaturverzeichnis 239

EINLEITUNG

Eine münzgroße haarlose Stelle auf meinem Hinterkopf entstand, als ich drei Jahre alt war. Ich saß auf einem Stuhl im Badezimmer, während meine Eltern sich über mich beugten und durch meine Haare wühlten, auf der Suche nach weiteren kahlen Stellen. So begann meine persönliche Reise zum Glück (und es sollte eine lange und holprige Reise werden). Die Diagnose lautete *Alopecia areata,* eine Autoimmunerkrankung, die zu kreisrundem Haarausfall führt. Durch eine »Fehlinformation« greift das Immunsystem die Haarwurzeln an und zerstört sie. Das verursacht keine Schmerzen, sondern führt nur zu Haarausfall. Im Verlauf der Krankheit können alle Kopfhaare und auch alle Körperhaare ausfallen. Bisher gibt es keine Therapie, die die Ursache des Haarverlustes beheben kann. Obwohl der Haarverlust keine körperlichen Schmerzen verursacht, hat er mir in meiner Kindheit und Jugend große seelische Schmerzen bereitet. Ich habe sehr darunter gelitten, anders zu sein.

»Ist bei dir der Friseur ausgerutscht?« – »Du siehst aus wie ein Mönch.« – »Gescherte.« – »Hey, du Glatzköpfige.« Solche Kommentare haben mich in meiner Kindheit zutiefst verletzt. Je größer die kahlen Stellen auf meinem Kopf wurden, desto entblößter habe ich mich gefühlt. Ich kam mir vor wie eine wandelnde Zielscheibe für alle möglichen Kommentare zu meinem Aussehen, denen ich schutzlos ausgeliefert war. Meine einzige Taktik damals war, mich zurückzuziehen. Mein Motto lautete: »Bloß nicht noch mehr auffallen.« Am liebsten wäre ich unsichtbar gewesen. Ich erinnere mich an viele Alltagssituationen, wie zum Beispiel Busfahrten, bei denen meine Gedanken nur darum kreisten, mich vor Menschen zu verstecken, die möglicherweise etwas Gemeines zu mir sagen könnten. Als ich dann mit 13 Jahren meine erste Perücke bekam, wurde es viel besser. Ich traute mich nach und nach mehr, mich zu zeigen, und fühlte mich selbstbewusster.

Der Umgang mit kritischen Äußerungen über meine Person blieb jedoch noch lange Zeit ein großes Thema für mich. Ich erinnere mich gut daran, wie ich manchmal stunden- oder sogar tagelang traurig und gekränkt war, weil jemand etwas Gemeines zu mir gesagt hatte oder ich mich ungerecht behandelt fühlte. Ich fühlte mich hilflos und ausgeliefert, als ob jemand anderer über mein Glück bestimmen würde. Doch dann gab es eine überraschende Wendung in meinem Leben, die alles verändern sollte.

Ich feierte meinen 20. Geburtstag, war umgeben von meinen Freundinnen, und ich fühlte mich einsam. Obwohl zehn Menschen um mich herum waren, die ich damals als meine Freundinnen betrachtete, fühlte ich eine tiefe innere Leere. Den ganzen Abend über hatte niemand mir auch nur eine einzige Frage gestellt, wie es mir geht, was gerade in meinem Leben passiert, wie es mit dem Studium läuft ... Stattdessen wurde über Themen gesprochen, die mich nicht interessierten, und über andere Menschen, die ich nicht kannte und die mich noch weniger interessierten. »Hast du gehört, was XY gerade macht?« (»Nein, und ich will es auch gar nicht wissen!«)

Da wurde mir plötzlich klar: So kann es nicht weitergehen! Wie bin ich in diese Situation geraten? Wer sind diese »Freundinnen«, die offensichtlich kein Interesse an mir zeigen und an denen ich auch kein Interesse habe? Was mache ich da? Wie sehr habe ich mich verbogen, nur um dazuzugehören? In diesem Moment beschloss ich, mein Glück selbst in die Hand zu nehmen und herauszufinden, wie ICH mein Leben gestalten möchte, unabhängig von der Meinung und den Erwartungen anderer.

Dabei habe ich viel von meinem damaligen Partner gelernt, der mir wie der glücklichste Mensch auf Erden vorkam. Mit der Zeit habe ich auch herausgefunden, warum er so glücklich war: Er dachte völlig anders als ich. Zum Beispiel dachte er nicht »Warum sind die wieder so gemein zu mir? Ich bin so arm«, sondern er dachte »Ich entscheide, wer mich verletzen darf, und diese Menschen dürfen das nicht«. Er hatte Gedanken, die ihn selbstbewusst, erfolgreich und glücklich fühlen ließen. Mir wurde immer bewusster, dass ich lange Zeit Gedanken hatte, die mich eher behinderten als mir nützten. Gedanken, die mich schüchtern, besorgt und unsicher machten. Auf diese Weise kam ich zur größten Erkenntnis überhaupt: Ich verstand, dass mein Wohlbefinden damit zusammenhängt, wie ich denke, dass ich meinen Gedanken nicht einfach ausgeliefert bin, und dass ich der Stimme in meinem Kopf nicht alles glauben muss. Ich verstand, dass meine Gedanken nur eine Version der Wirklichkeit sind und dass ich meine Gedanken verändern kann, wenn mir diese Version der Wirklichkeit nicht gefällt.

Meine Begeisterung war entfacht, und ich wollte alles über dieses Thema lernen. Deshalb absolvierte ich neben meiner damaligen Vollzeitanstellung im Produktmarketing eine Ausbildung zur Mentaltrainerin. Aber damit nicht genug: Es folgten Ausbildungen zur Coachin, zur Lebens- und Sozialberaterin sowie zur Anwenderin der Positiven Psychologie.

Mit 29 Jahren beschloss ich, meinen Marketingjob an den Nagel zu hängen, mich als Glückstrainerin selbstständig zu machen und mein Unternehmen *Glückskompetenz* zu gründen. Seitdem teile ich mein Wissen auf meinem Blog, meinem Instagram-Kanal, in Eins-zu-Eins-Coachings, Vorträgen und Workshops. Und jetzt auch in Buchform. Als die Anfrage vom Verlag in mein E-Mail-Postfach flatterte, ob ich mir vorstellen könnte, ein Buch über Glück zu schreiben, tanzte ich vor Freude durch die Wohnung. Denn Glücklichsein ist trainierbar, und ich möchte mein Wissen über das Glück gerne mit so vielen Menschen wie möglich teilen. Oft sind dafür nur kleine Veränderungen im Alltag erforderlich, die jedoch eine enorme Wirkung auf unser gesamtes Leben haben. Das belegt die Wissenschaft.

Ich freue mich daher sehr, dass du mein Buch in Händen hältst, und ich bin dankbar für das Vertrauen, das du mir entgegenbringst.

Dass du dich für dieses Buch entschieden hast, zeigt, dass du etwas tun möchtest, um dein Glück und deine Lebenszufriedenheit zu verbessern. Sei es, weil du dich gerade in einer Krise befindest, oder weil du einfach bewusster auf dein Wohlbefinden schauen möchtest.

Ich gratuliere dir von ganzem Herzen zu der Entscheidung, deine Lebenszufriedenheit aktiv anzugehen! Es gibt aus meiner Sicht keine bessere Investition für unser Lebensglück als jene in uns selbst.

Lass dich von mir in die faszinierende Welt der Glücksforschung und auf eine Reise zu deinem persönlichen Glück entführen. Ich wünsche dir dabei viele wertvolle Erkenntnisse und positive Veränderungen in deinem Leben.

Dich erwarten unzählige Gedankenanstöße und Übungen, die dir Gelegenheit zur Selbstbeobachtung und -reflexion bieten. Alle Strategien, die ich dir in diesem Buch vorstellen werde, sind bekannte und geprüfte Techniken aus der Positiven Psychologie – der Wissenschaft vom gelingenden Leben. Freue dich außerdem auf viele Praxisbeispiele aus meinem persönlichen Leben und meinem Coachingalltag als Glückstrainerin. All die Geschichten in diesem Buch sind wahr und auch wieder nicht, denn die Namen sind frei erfunden. Vertraulichkeit meinen Coachees gegenüber hat für mich oberste Priorität.

Im Buch findest du ganz konkrete Impulse, was du selbst für dein Glück *tun* kannst.

Das meiste holst du aus dem Buch heraus, wenn du fleißig mitmachst, also die Übungen wirklich umsetzt. Mache die Übungen am besten gleich, wenn du an der entsprechenden Textstelle angelangt bist, und warte nicht, bis du das komplette Buch durchgelesen hast. Markiere die wichtigsten Aussagen für dich im Text, mach dir Notizen und lies die für dich wichtigsten Passagen mehrmals. Die schnellsten Erfolgserlebnisse erzielst du, wenn du das Gelesene sofort umsetzt. Denn Wissen alleine ist *nicht* Macht, sondern bringt dir nur wenig, solange du es nicht anwendest. Erst die Umsetzung macht Wissen für dich wertvoll. Auf *angewandtes* Wissen kommt es an.

Wichtig: Mein Buch ersetzt keine Psychotherapie. Wenn du vermutest, depressiv zu sein, suche Hilfe bei einer Fachperson für psychische Gesundheit und sprich mit ihr oder ihm darüber. Oft ist es so, dass wir mit körperlichen Wehwehchen zum Arzt gehen, aber wenn unsere Seele wehtut, zögern wir. Wenn unser Bein gebrochen ist, lassen wir uns behandeln, aber bei einem gebrochenen Herzen nicht? Möglicherweise unterstützt es dich zu wissen, dass ich selbst als Kind jahrelang einmal die Woche zu einer Therapeutin gegangen bin. Ich war sehr schüchtern und ängstlich, und die wöchentlichen Gespräche haben mich gestärkt. Für meine Ausbildung zur Lebens- und Sozialberaterin war es sogar notwendig, wieder in Therapie zu gehen. Auch heute spreche ich regelmäßig mit Kolleginnen und Freundinnen über meine inneren Themen. Und obwohl ich mich so viel mit Positiver Psychologie, mentalem Training und Persönlichkeitsentwicklung auseinandersetze, passiert es auch mir, dass ich ab und zu einen Knoten in meinen Gedanken habe. Dieser Gedankenknoten kostet mich dann Energie und beschert mir ungute Gefühle. Meine Erfahrung ist, dass ich ihn am schnellsten wieder loswerde, wenn ich mit jemandem darüber spreche.

Das Buch beginnt mit Hintergrundinformationen zum Thema Glück. Das ist wertvoll, weil Glück ein sehr breiter Begriff ist und mir wichtig ist, dass du genau weißt, um welche Art von Glück es auf unserer Glücksreise geht, damit es nicht zu Missverständnissen kommt. In den folgenden Kapiteln erfährst du, was glückliche Menschen anders machen. Anhand von fünf Glückssäulen zeige ich dir, wie du aufblühen kannst. Dabei kannst du jeden Bereich für dich erschließen. Sodass du am Ende genau weißt, wie du deine Lebensfreude erweckst, wie du hinderliche Glaubenssätze in bestärkende Überzeugungen wandelst und wie du Erfüllung in dein Leben bringst. Im letzten Kapitel möchte ich dich noch mal zur tatsächlichen Umsetzung motivieren. Die meisten Menschen sind Wissensriesen und Umsetzungszwerge, deshalb ist es mir wichtig, dir einen wohlwollenden Tritt in den Hintern zu verpassen. Genau für diese

Eigenschaft, Klartext zu sprechen und direkt zu sein, bekomme ich von meinen Glückscoachees viel positives Feedback. Für Glück brauchen wir Mut, dafür gebe ich dir den Anstoß.

Du kannst das Buch von vorne bis hinten lesen oder direkt zu der Glückssäule springen, die in deiner aktuellen Situation für dich am relevantesten ist. Nimm dir Zeit, das Buch in deinem Tempo durchzuarbeiten. Alle fünf Glückssäulen gleichzeitig anzugehen, kann überfordern. Mach Pausen und gehe Schritt für Schritt vor. Jeder Mensch setzt Dinge in seinem Tempo um. Es ist wichtig, dass du deines findest und respektierst.

Damit es dir leichtfällt, ins Tun zu kommen, sind die Übungen in diesem Buch praxisnah und alltagstauglich. Manche Vorschläge werden dir vielleicht banal vorkommen. Das ist Absicht, denn du sollst das Gefühl haben, es mit links schaffen zu können. Ich liebe kleine Dinge, die einen großen positiven Effekt auf unsere Lebenszufriedenheit haben. Und falls du dir etwas noch nicht zutraust, sollst du wissen, wie du dorthin kommst. Ich zeige dir, welche Schritte nötig sind, um deine inneren Ressourcen zu stärken.

Um eine einzige Sache möchte ich dich beim Lesen besonders bitten: Offenheit. Es wird Übungen geben, die dir seltsam oder unnötig vorkommen. Ich lade dich ein, ihnen mit Neugier zu begegnen. Erst wenn du etwas ausprobiert hast, weißt du, ob es für dich ist oder nicht. Aus diesem Grund biete ich dir für jede Glückssäule verschiedene Übungen an, damit du etwas findest, das dir entspricht.

Und jetzt geht's los!

WAS IST GLÜCK?

»Jeder Mensch will glücklich werden,
um das Ziel aber zu erreichen,
müsste er zunächst wissen,
was das Glück eigentlich ist.«

Jean-Jacques Rousseau

Hast du dich schon einmal gefragt, was ein Laptop mit Glück zu tun hat? Tja, ich schon. Letztes Jahr ging von einer Minute auf die andere die Festplatte meines Computers kaputt und musste getauscht werden. Es hieß: zurück auf Werkseinstellungen. (Zum Glück hatte ich meine Daten zum allergrößten Teil auf einer externen Festplatte gesichert.) Ich erzähle dir diese Geschichte nicht nur deshalb, um dich daran zu erinnern, dass du deine Daten sichern solltest (tue es unbedingt!), sondern weil unsere »Werkseinstellung«, wenn wir geboren werden, das »Glücklichsein« ist.

Das ist die gute Nachricht gleich zu Beginn: **Du hast die Fähigkeit, glücklich zu sein, bereits in dir.** Wenn wir auf die Welt kommen, ist Glücklichsein unser Grundzustand. Solange unsere Grundbedürfnisse befriedigt werden, sind wir ganz im Augenblick und vollkommen glücklich. Ich beobachte das täglich bei meinem kleinen Sohn. Er ärgert sich nicht darüber, dass er vorgestern hingefallen ist, oder plant, was er morgen alles machen will. Er ist ganz im Moment. Im Laufe unseres Lebens entfernen wir uns durch gesellschaftlichen Druck, unsere Erziehung, unsere erworbenen Glaubenssätze und unsere unerfüllten Erwartungen immer mehr von diesem Grundzustand. Wir überlagern unsere Original-Glückssoftware mit allerlei hinderlichen Gedanken, Einstellungen und Überzeugungen. Doch wir können unser inneres Glück jederzeit wieder aktivieren. Das Glück ist in uns und wir brauchen es nur (wieder-)entdecken. Wenn du es einmal VERlernt hast, kannst du es auch leicht wieder ERlernen.

Stell dir vor, du kaufst einen neuen Laptop. Am Anfang arbeitet er superschnell und alles funktioniert reibungslos. Mit der Zeit spielst du immer mehr Daten und Programme drauf, fängst dir möglicherweise sogar Viren aus dem Internet ein. Das macht ihn langsamer und manchmal stürzt er ab. Wenn du willst, dass er wieder so läuft wie zu Beginn, wirst du den Virenscanner drüberlaufen lassen. Du wirst Programme und Daten löschen, die dir nicht mehr gefallen und die du nicht mehr benötigst. Und neue Programme installieren, die du brauchst. Im übertragenen Sinne machen wir im Laufe dieses Buches genau das Gleiche: Wir identifizieren, was momentan noch deinem Glück im Weg steht, das deine Original-Glückssoftware nicht reibungslos laufen lässt. Und vor allem stärken wir dich mit neuen positiven Sichtweisen, Gedanken und Überzeugungen.

Denn Glücklichsein ist trainierbar. Ich möchte dir in diesem Buch zeigen, dass Glücklichsein eine Kompetenz ist – eine Fähigkeit. Und Fähigkeiten kannst du trainieren. Du kannst deine Emotionen* genauso trainieren, wie du deine Muskelkraft trainierst oder eine Sprache lernst. Du kannst lernen, gut drauf zu sein und tiefe Zufriedenheit für dein Leben zu empfinden. Und das ist kein Hokuspokus, sondern reine Neurowissenschaft.

DAS GLÜCK IST KEIN VOGERL

Die häufigste Frage, die mir in Interviews als Glückstrainerin gestellt wird, lautet: »Was ist Glück?« Und genau diese Frage ist nicht so leicht zu beantworten. Lass uns ergründen, was Glück wirklich ist und was nicht. Wir alle streben nach einem glücklichen Leben. Doch was ist dieses Glück, nach dem wir uns so sehnen? Was würdest du selbst auf die Frage antworten: »Was ist Glück?«

Wenn ich diese Frage meinen Glücks-Workshopteilnehmerinnen stelle, bekomme ich die unterschiedlichsten Antworten. Von »einen Geldschein auf der Straße finden« über »Eis essen« und »mit meinen Liebsten zusammen sein« bis hin zu »mich selbst lieben« ist alles dabei.

---

*In der Psychologie wird zwischen Gefühlen und Emotionen unterschieden: Emotionen sind spontane Reaktionen, Gefühle deren bewusste Wahrnehmung. In diesem Buch verwende ich die Begriffe aus Gründen der Verständlichkeit synonym.

DER UNTERSCHIED ZWISCHEN GLÜCK HABEN UND GLÜCKLICH SEIN

»Das Glück is a Vogerl« heißt es auf Wienerisch. »Das Glück fliegt einem zu, oder eben nicht« -- das scheint die geläufige Meinung vieler Menschen zu sein. Doch stimmt das wirklich? Denkst du bei dem Wort »Glück« eher an vierblättrige Kleeblätter, Marienkäfer und Glücksschweinchen? Oder denkst du an Lebenszufriedenheit, Freude und Glücksgefühle? Lass uns das Wort einmal genauer unter die Lupe nehmen. In der deutschen Sprache kann das Wort »Glück« deshalb für Verwirrung sorgen, weil es zwei grundverschiedene Bedeutungen hat, nämlich »Glück haben« und »glücklich sein«. In allen anderen Sprachen gibt es übrigens für jede Bedeutung ein eigenes Wort.

- **Glück haben:** Glück haben, meint das Zufallsglück (im Englischen: *luck*), das du selbst kaum beeinflussen kannst. Du gewinnst zum Beispiel im Lotto. Das Einzige, was du dafür tun kannst, ist dir einen Lottoschein zu kaufen. Alles Weitere ist ein Zufall von außen. Wenn es das Schicksal gut mit dir meint, dann bist du ein Glückspilz. In diese Kategorie fallen auch Sprüche wie »Viel Glück« und Glücksbringer wie vierblättrige Kleeblätter, Hufeisen, Schornsteinfeger und so weiter.
- **Glücklich sein:** Wenn du glücklich bist, dann empfindest du starke positive Emotionen wie Freude, Wohlbefinden und Zufriedenheit (im Englischen: *happiness*). Dieses Glücksempfinden ist ein Zustand, den du selbst aktiv beeinflussen kannst. Durch deine Einstellungen, deine Werte, deine Achtsamkeit, deine Entscheidungen und deine Handlungen kannst du großen Einfluss auf deine Glücksgefühle nehmen.

Natürlich wirst du dich meist glücklich fühlen, wenn du gerade Glück hattest und zum Beispiel bei einem Gewinnspiel gewonnen hast. Aber du kannst auch glücklich sein, ganz ohne Glück gehabt zu haben. In diesem Buch beschäftigen wir uns nicht mit dem Zufallsglück, sondern ausschließlich mit »glücklich sein« beziehungsweise dem »Glücklichsein« – dem angenehmen Zustand, den du selbst aktiv beeinflussen kannst.

MERKE DIR:

Glück ist kein Zufall, sondern ein Zustand positiver Gefühle, den du selbst beeinflussen kannst.

ZWEI ARTEN VON GLÜCK: WOHLFÜHLGLÜCK UND WERTEGLÜCK

Glücklichsein ist nicht das Wichtigste im Leben. Ja, du hast richtig gelesen. Wissenschaftlerinnen haben bei einem Gedankenexperiment folgende spannende Entdeckung gemacht: Probandinnen, die sich vorstellen sollten, dass sie an Elektroden angeschlossen ein beständiges Glücksgefühl erleben könnten, ohne Rückschläge, Trauer und Verluste, entscheiden sich mehrheitlich dagegen. Warum? Weil sie dieses Leben in ständiger Glückseligkeit als leer und als nicht verdient empfinden. Es gibt keinen echten Grund glücklich zu sein und deshalb hat dieses Glücksgefühl keinen Wert.

Aus diesem Grund arbeiten wir an vielen Projekten und Zielen nicht deshalb, weil sie uns glücklich machen, sondern wegen des Wertes, den wir ihnen beimessen. Weil wir sie als sinnvoll empfinden. Es gibt also einen Unterschied zwischen einem glücklichen und einem erfüllten Leben. Erfüllung und Glück können sich sogar gelegentlich widersprechen, so paradox es sich auch anhören mag. Ich als Mutter von einem Kleinkind bin das beste Beispiel. Fragst du mich nach einer Nacht in der ich wenig geschlafen habe oder nach drei aufeinanderfolgenden Wutanfällen meines Sohnes, ob ich glücklich bin, wird meine Antwort »nein« lauten. Gleichzeitig gibt es für mich wenig sinnerfüllenderes als ein Kind großzuziehen. Ein sinnerfülltes Leben fordert von uns Engagement für etwas Größeres, sodass es automatisch mehr Sorgen, Stress und Ängste mit sich bringt als ein nur glückliches Leben.

Den Zustand des »Glücklichseins« können wir also in zwei Arten unterteilen: Werteglück und Wohlfühlglück.

- **Werteglück:** Du kannst Werteglück erleben, indem du dich mit deinen Stärken und Werten auseinandersetzt und sie zur Erreichung deiner Ziele und zum Wohl der Gemeinschaft einsetzt. Damit ist das Bestreben gemeint, die eigenen Fähigkeiten optimal zu nutzen und weiterzuentwickeln. Das kann zum Beispiel bedeuten, anderen zu helfen, sich in Projekten zu engagieren, trotz Hindernissen an deinen Zielen festzuhalten oder dich für etwas einzusetzen, das dir am Herzen liegt. Du kannst beispielsweise Werteglück erfahren, wenn du Verantwortung für die Umwelt übernimmst und dich aktiv für Nachhaltigkeit einsetzt. Oder wenn du deine kreativen Talente einbringst, musizierst, schreibst oder malst und anderen Menschen damit Freude bereitest. Auch wenn du Bildung und Wissen vermittelst, sei es durch Lehren, Mentoring, oder auch, wenn du dich selbst stetig fortbildest, erlebst du Werteglück. Beruflich kann Werteglück auch bedeuten, ein eigenes Start-up zu gründen, das deinen Überzeugungen entspricht, oder in einem Unternehmen zu arbeiten, in dem du deine Stärken optimal einbringen kannst. Wenn du Werteglück in deinem Leben empfindest, dann erlebst du es als erfüllend, sinnvoll, zielorientiert und tief befriedigend. Aber nur rein der Verfolgung großer Ziele hinterherzuhecheln und allen sinnlichen Genüssen zu entsagen, wird auf Dauer nicht glücklich machen, denn auch der Genuss ist wichtig.

- **Wohlfühlglück:** Was unser Leben lebenswert macht, ist neben dem Werteglück das Wohlfühlglück. Das bedeutet, sich gut zu fühlen, möglichst viele positive Gefühle zu erleben und möglichst wenig negative. Wohlfühlglück erfährst du, indem du dir etwas gönnst, zum Beispiel ein gutes Essen oder eine Massage genießt, auf Urlaub fährst oder einen unterhaltsamen Abend mit Freundinnen erlebst. Wenn du tiefes Wohlfühlglück in deinem Leben empfindest, dann erlebst du es als genussvoll, schön, angenehm, leicht und freudvoll. Freude und Vergnügen zu erfahren, bedeutet aber noch lange nicht, dass es einem Menschen auch psychisch gut geht. Gerade Menschen, die »alles« zu haben scheinen und eine Vergnügung nach der anderen erleben, fühlen sich oft innerlich leer.

Menschen, die zu mir ins Glückscoaching kommen und einen Überhang an Wohlfühlglück haben, äußern oft Folgendes: »Eigentlich habe ich alles – einen liebevollen Partner, ein schönes Haus, wunderbare Kinder, eine erfolgreiche Karriere, ein gut gefülltes Bankkonto und so weiter. Aber mein Leben kommt mir so leer vor. Irgendwie empfinde ich mein Leben nicht als erfüllend, der Sinn ist mir abhandengekommen.«

Menschen, die zu mir ins Coaching kommen und einen Überhang an Werteglück haben, äußern dagegen oft Folgendes: »Ich bin total stolz auf alles, was ich erreicht habe. Ich mag meine Tätigkeiten und fühle mich kompetent dabei, aber mir fehlt die Leichtigkeit im Leben. Ich bin erschöpft und schaffe es nicht, mir Pausen für mich selbst zu gönnen.«

Im Idealfall empfindest du sowohl Wohlfühlglück als auch Werteglück in deinem Leben und schaffst eine gute Balance zwischen diesen beiden. In den folgenden Kapiteln findest du Anregungen, wie du beide Glücksarten vermehren kannst.

MERKE DIR:

Glück ist das Zusammenspiel von »im Einklang mit deinen Stärken und Werten leben« und »Das Leben genießen«.

GLÜCK IST OFT DAS ERGEBNIS VON ANSTRENGUNG

Wenn wir über Glück sprechen, meinen wir in der Regel, sich gut zu fühlen und möglichst viele positive Emotionen zu erleben, während »negative« Gefühle möglichst gering gehalten werden. Doch es ist nicht immer erforderlich, sich ständig gut zu fühlen, um ein erfülltes Leben zu führen. Angenommen, du absolvierst gerade eine Ausbildung, um später deinen Traumjob ausüben zu können. Während der Ausbildung werden auch schwierigere Zeiten auftreten. Du könntest dich überfordert fühlen, keine Lust mehr aufs Lernen haben und gestresst sein, aber dennoch am Ball bleiben.

In diesen schwierigeren Zeiten wirst du dich möglicherweise nicht besonders glücklich fühlen, im Gegenteil, und das ist völlig in Ordnung. Denn langfristig wird es sich auszahlen, da du durch die Ausbildung voraussichtlich in dem Bereich arbeiten können wirst, den du dir wünschst. Ein weiteres klassisches Beispiel ist der Sport. Die Anstrengung während des Trainings fühlt sich möglicherweise nicht immer angenehm an, aber die Ausschüttung von Glückshormonen danach umso mehr. Es fühlt sich gut an, etwas für deine Gesundheit und dein körperliches Wohlbefinden getan zu haben. Vor und während der sportlichen Betätigung ist es jedoch manchmal erforderlich, deinen inneren Schweinehund zu überwinden.

Hingegen sind Abkürzungen zum Glück, die schnelle Befriedigung ohne persönliche Anstrengung versprechen, oft nicht förderlich für langfristiges Wohlbefinden. Mit solchen Abkürzungen meine ich beispielsweise Drogen, Alkohol, exzessiven Konsum, übermäßiges Essen oder stundenlanges Starren auf Bildschirme – kurz gesagt, jegliche Art von Süchten.

MERKE DIR:

Glück bedeutet auch, kurzfristig »negative« Gefühle in Kauf zu nehmen, um langfristig höhere Ziele zu erreichen.

DER UNTERSCHIED ZWISCHEN GLÜCK UND ZUFRIEDENHEIT

In der Literatur wird Glück manchmal mit Zufriedenheit gleichgesetzt und manchmal unterschieden. Genauso handhabe ich es auch: Ich unterscheide grundsätzlich zwischen den beiden Begriffen, verwende sie aber aus Vereinfachungsgründen in meiner Kommunikation oft synonym.

Die Unterscheidung von Glück und Zufriedenheit lässt sich am einfachsten anhand eines Beispiels verstehen. Stell dir vor, du machst eine mehrstündige Bergwanderung. Endlich angekommen, erlebst du einen sogenannten »Gipfelmoment«. Du fühlst dich herrlich, wenn du deinen Blick über das Tal schweifen lässt. Die Anstrengungen der letzten Stunden fallen von dir ab, die Welt liegt dir zu Füßen. In dieser Situation hast du einen starken Glücksmoment mit intensiven positiven Gefühlen.

Wenn du jedoch länger auf dem Berg bleibst und zum Beispiel auf der Hütte übernachtest, wird dieses starke Hochgefühl nachlassen. Am nächsten Tag wirst du nicht mehr so intensiv glücklich sein wie am Tag zuvor, aber du wirst dich immer noch zufrieden fühlen. Der Ausblick ist nach wie vor wunderschön, du atmest frische Luft und du liebst die Berge im

Allgemeinen. Du bist froh, dass du dir diesen Aufenthalt in deinem Leben ermöglichen kannst.

Glücksmomente sind kurze Augenblicke, in denen du starke positive Gefühle erlebst, die sowohl ruhig als auch überschwänglich sein können. Zufriedenheit bedeutet, dass du dein Leben insgesamt als positiv empfindest. Damit du zu dieser positiven Einschätzung über dein Leben gelangst, ist es notwendig, regelmäßig große und kleine Glücksmomente zu erleben. Das bedeutet, je öfter du solche Glücksmomente spürst, desto höher wird deine Lebenszufriedenheit sein.

MERKE DIR:

Glück ist ein kurzer, intensiver Moment, während Zufriedenheit Wohlbefinden über einen längeren Zeitraum bedeutet.

GLÜCK BEDEUTET NICHT, SICH UM JEDEN PREIS SELBST ZU OPTIMIEREN

Viele Menschen verwechseln Selbstoptimierung mit Glück. Oft orientieren wir uns stark an äußeren Einflüssen, einschließlich sozialer Medien, wo wir täglich mit den Höhepunkten des Lebens anderer konfrontiert werden. Du siehst diese Bilder und glaubst vielleicht, dass du dieses oder jenes haben oder so und so aussehen musst, um glücklich und erfüllt zu leben. Oder Menschen kommen auf dich zu und teilen dir mit, was sie von dir erwarten und was du verbessern musst. Deine Vorgesetzte sagt dir zum Beispiel, dass du in Meetings souveräner auftreten sollst.

Die Erwartungen von außen erzeugen oft das Gefühl, dass du dich verändern musst, weil etwas mit dir nicht stimmt. Immer zu versuchen, äußere Kriterien zu erfüllen, ist ein sehr unglücklich machendes Programm. Aber Glück hat nichts mit Selbstoptimierung zu tun. Du musst nicht die *beste* Version von dir werden, dich mit deinem »höheren Selbst« verbinden oder so sein wie andere es von dir erwarten, um Glück zu empfinden. Du musst nicht viel erreichen, monetären Erfolg haben, in einer Partnerschaft sein, Karriere machen, produktiver sein, abnehmen oder schöner sein, um glücklich zu sein.

Es geht vielmehr darum, immer mehr zu dem Menschen zu werden, der du wirklich bist. Es geht darum, die authentischste Version von dir selbst zu sein. Selbstentfaltung statt Selbstoptimierung ist das Motto. Was dich glücklich macht, ist, hinzuschauen und dich mit dir selbst auseinanderzusetzen: Was macht mich aus? Wer bin ich eigentlich? Was ist mir wichtig? Welche Ziele will ich erreichen? Welche Werte sind mir wichtig? Welche Stärken habe ich? Anstatt in der Außenperspektive zu sein und den äußeren Erwartungen zu entsprechen, darfst du daraufschauen, wer du bist – mit all deinen Potenzialen und auch Schwächen.

Glück besteht darin, zu erkennen, zu zeigen und zu akzeptieren, wer du in deiner ganzen Authentizität bist. Angenommen, du bist eher introvertiert und es fällt dir schwer, vor vielen Menschen zu sprechen, musst du nicht krampfhaft versuchen, extrovertierter zu werden. Stattdessen darfst du dir eine Umgebung suchen, die deinem Naturell und deinen Stärken entspricht. Zum Beispiel könntest du einen Job wählen, bei dem du deine Fähigkeiten als gute Zuhörerin zeigen kannst.

MERKE DIR:

Glück bedeutet, die authentischste Version von dir selbst zu sein und nicht die beste oder optimierteste Version. Die zugrunde liegende Haltung lautet »Werde, wer du bist.«

GLÜCK IST KEINE ERZWUNGENE POSITIVITÄT

Bist du schon einmal auf den Spruch *good vibes only* gestoßen? Es bedeutet so viel wie »nur gute Laune bitte«. In den letzten Jahren sind solche und ähnliche Sprüche wie *stay positive* oder *happy mind, happy life* in den sozialen Medien aufgetaucht. Diese Botschaften beschreiben das Phänomen, zu glauben, dass eine ausschließlich positive Einstellung das einzig richtige Konzept ist, nach dem du dein Leben leben solltest. Das bedeutet letztendlich, dass du dich nur auf positive Dinge konzentrierst und alles ablehnst, was »negative« Emotionen auslösen könnte. Wir sprechen hier von »toxischer Positivität«.

Vielleicht spürst du selbst in deinem direkten sozialen Umfeld einen gewissen »Glücksdruck«. Schlechte Laune und Niedergeschlagenheit sind unerwünscht. Im Alltag ist es jedoch fast unmöglich, dauerhaft glücklich zu sein, besonders wenn du mit schwierigen Lebensumständen und Schicksalsschlägen wie Trennung, Krankheit oder Tod konfrontiert bist, die keinen Anlass zur Freude bieten.

Aber selbst ohne solche traumatischen Erfahrungen sind die meisten Menschen nicht immer nur glücklich. Denn Stress, Ängste und Traurigkeit sind unvermeidbar und einfach Teil unserer menschlichen Realität. Wenn die Diskrepanz zwischen deinem eigenen Gefühlsleben und den Erwartungen der Gesellschaft oder deines sozialen Umfelds zu groß ist, empfindest du das möglicherweise als persönliches Versagen, als hättest du nicht genug Anstrengungen unternommen, um glücklich und zufrieden zu sein. Dies löst noch mehr »negative« Gefühle in dir aus und dein persönliches Wohlbefinden verschlechtert sich zunehmend.

Immer gut drauf zu sein ist ein sehr unrealistischer Anspruch an sich selbst und auch an andere. Wenn du dieser toxisch positiven Denkweise folgst, versetzt du dich selbst in einen stressigen Zustand. Du fängst an, an dir selbst zu zweifeln und fragst dich, was mit dir nicht stimmt, da du der einzige Mensch zu sein scheinst, der es nicht schafft, durchgehend positiv zu sein. Ein glückliches und erfülltes Leben dreht sich überhaupt nicht darum, ständig gut drauf zu sein. Ich möchte dir mit diesem Buch nicht beibringen, wie du nur noch strahlend durch dein Leben tanzt und dir die Sonne aus dem Allerwertesten scheint. Im Gegenteil, ich möchte dir Strategien an die Hand geben, mit denen du ein glückliches Grundgefühl entwickelst und auch Herausforderungen sowie schwierige Zeiten bewältigen kannst.

Glückskompetenz ist nicht gleichbedeutend mit positivem Denken. Du wirst von mir *nie* den Satz »Du musst nur positiv denken« hören. Zwanghaft positives Denken kann auf lange Sicht krank machen. Denn wenn du unangenehme Gefühle ablehnst oder vermeidest, werden sie letztendlich stärker, anstatt zu verschwinden.

Auch in meinem Leben gibt es Tiefpunkte, herausfordernde Zeiten, Selbstzweifel, Ärger und Traurigkeit. Darüber berichte ich regelmäßig auf meinen Social-Media-Kanälen. Es ist jedoch wichtig zu wissen, wie wir all unsere Gefühle so akzeptieren können, wie sie sind, und vor allem, wie wir am besten mit ihnen umgehen können. Das ist die gelebte Glückskompetenz.

MERKE DIR:

Für dein Glück ist es nicht notwendig, ständig positiv zu sein oder negative Emotionen zu vermeiden, da sie Teil unseres Lebens sind. Die wahre Glückskompetenz besteht darin, alle Gefühle anzunehmen und zu lernen, wie du deine Gefühle gut regulieren kannst, anstatt zwanghaft positives Denken zu praktizieren.

Zusammengefasst ist Glück eine ziemlich komplexe Sache, die sich nicht nur auf Glück haben oder erzwungene Positivität reduzieren lässt. Es setzt sich aus vielen Teilen zusammen, wie dem Erleben von glücklichen Momenten, der langfristigen Zufriedenheit mit deinem Leben, der Fähigkeit, alle deine Gefühle zu akzeptieren, der Authentizität gegenüber dir selbst und der Kunst, mit den Herausforderungen des Lebens umzugehen. Glück ist nicht nur das Streben nach positiven Gefühlen, sondern auch die Kompetenz, mit den »negativen« Gefühlen umzugehen und wirklich du selbst zu sein. Doch was unterscheidet im Alltag überdurchschnittlich glückliche Menschen von »Glücks-Normalos« ganz konkret? Im nächsten Abschnitt möchte ich dir die wichtigsten Unterschiede verraten.

WAS GLÜCKLICHE MENSCHEN ANDERS MACHEN

In meinen Coachings erlebe ich immer wieder, dass die Menschen, die ich begleite, bei der Frage »Was macht dich so richtig glücklich?« sehr lange überlegen müssen, bevor ihnen vielleicht ein oder zwei Dinge einfallen. Manchmal passiert es auch, dass sie mich überrascht ansehen und nur ein verlegenes »Keine Ahnung, ist schon länger her, dass ich richtig glücklich war. Ich wünschte, ich wüsste es« rausbringen. Oder sie spielen mir den Ball zurück: »Dafür bin ich ja hier im Coaching. Sag du mir, was glücklich macht und wie ich glücklich werde!«

Wie steht es mit dir? Wie intensiv hast du dich bisher mit dem Glück in deinem eigenen Leben beschäftigt?

Eines vorweg: Es gibt kein Glückspatentrezept. Es gibt nicht den *einen* Weg zum Glück. Es gibt viele Wege. Präziser ausgedrückt: Es gibt *deinen* ganz persönlichen Weg. Und ich frage dich: Wie willst du glücklich sein, wenn du nicht genau weißt, was dich glücklich macht? Das kann nicht funktionieren. Das Allerwichtigste ist: Du kannst nur glücklich werden, wenn du *deinen* eigenen Weg kennst. Nicht den Weg deiner Freundinnen oder deiner Eltern oder deines Partners oder den Weg von fremden Menschen, denen du auf Social Media folgst. Es geht um dein ganz persönliches Glück und das ist nur in dir selbst zu finden. Diese kleine Geschichte aus dem fernen Osten verdeutlicht das:

Das Versteck
Drei Weise überlegten, welches Geschenk sie den Menschen auf ihrem Lebensweg hinterlassen könnten. Sie entschieden sich, ihnen das Glück zu schenken, aber sie wollten, dass die Menschen es durch eigene Bemühungen erlangen sollten. Ihre Idee war, das Glück so zu verbergen, dass es erst durch die Herausforderung der Suche seinen wahren Wert zeigen würde. Die Frage war jedoch, wo sie das Glück verstecken sollten. Der erste schlug vor, es auf einem Gletscher auf dem höchsten Berg zu verbergen. Der zweite fand das zu einfach und schlug vor, es in einer Muschel am Boden des Ozeans zu verstecken. Der dritte jedoch hatte eine andere Idee: »Lass uns das Glück im Inneren des Menschen selbst verbergen.«

Es gilt also, das Glück in dir selbst zu entdecken und wie du wahrscheinlich aus eigener Erfahrung weißt, ist das oft das, was uns am schwersten fällt. Zunächst geht es deshalb darum, dir das kleine Glück im Alltag wieder zurückzuholen. Denn egal, welche Probleme du derzeit hast, es gibt auch schöne Dinge in deinem Leben, Dinge, die jetzt schon gut sind – auch, wenn du sie gerade nicht siehst. Wir wollen sie für dich sichtbar machen. Glücksforscherinnen haben herausgefunden, was überdurchschnittlich glückliche Menschen anders machen als »durchschnittlich glückliche« Menschen:

- Es fällt ihnen leicht, sich an den schönen, kleinen und großen Dingen des Lebens zu erfreuen und Dankbarkeit zu empfinden.

- Sie kennen ihre Stärken und setzen sie bewusst ein. Dadurch erleben sie mehr Flow- und Erfolgserlebnisse. (Im Flow zu sein bedeutet, dass du voll und ganz in einer Tätigkeit aufgehst und ein tiefes Gefühl von Erfüllung und Konzentration erlebst.)
- Sie verbringen Zeit mit ihren Familien und Freundinnen und kümmern sich aktiv um diese Beziehungen.
- Obwohl sie ebenfalls Stress und Krisen erleben, bewältigen sie diese auf konstruktive Weise und finden ihren inneren Frieden mit negativen Ereignissen aus der Vergangenheit.
- Sie haben eine klare Vorstellung von Sinn in ihrem Leben.
- Sie schauen bewusst optimistisch in die Zukunft und haben klare Ziele, die sie verfolgen.

Diese Glücksstrategien können in fünf Säulen zusammengefasst werden, die ich dir in diesem Buch ausführlich beschreiben möchte. Die fünf Säulen geben dir einen Fahrplan, wie du konkret vorgehen kannst, um das Glück in deinem Leben zu vermehren. Die Basis hierfür ist das sogenannte PERMA-Modell von Martin Seligman, dem Begründer der akademischen Positiven Psychologie. Seligmans Konzept erklärt anhand von fünf Säulen, was ein erfülltes Leben ausmacht und wie du es in deinem Alltag umsetzen kannst. PERMA steht für:

P – Positive Emotions
(positive Gefühle vermehren und nutzen)

E – Engagement
(Flow erleben, eigene Stärken kennen und einsetzen)

R – Relationships
(gelingende Beziehungen führen)

M – Meaning
(Sinn im Alltag transparent machen und leben)

A – Accomplishment
(persönlich wichtige Ziele verfolgen und Erfolge erleben)

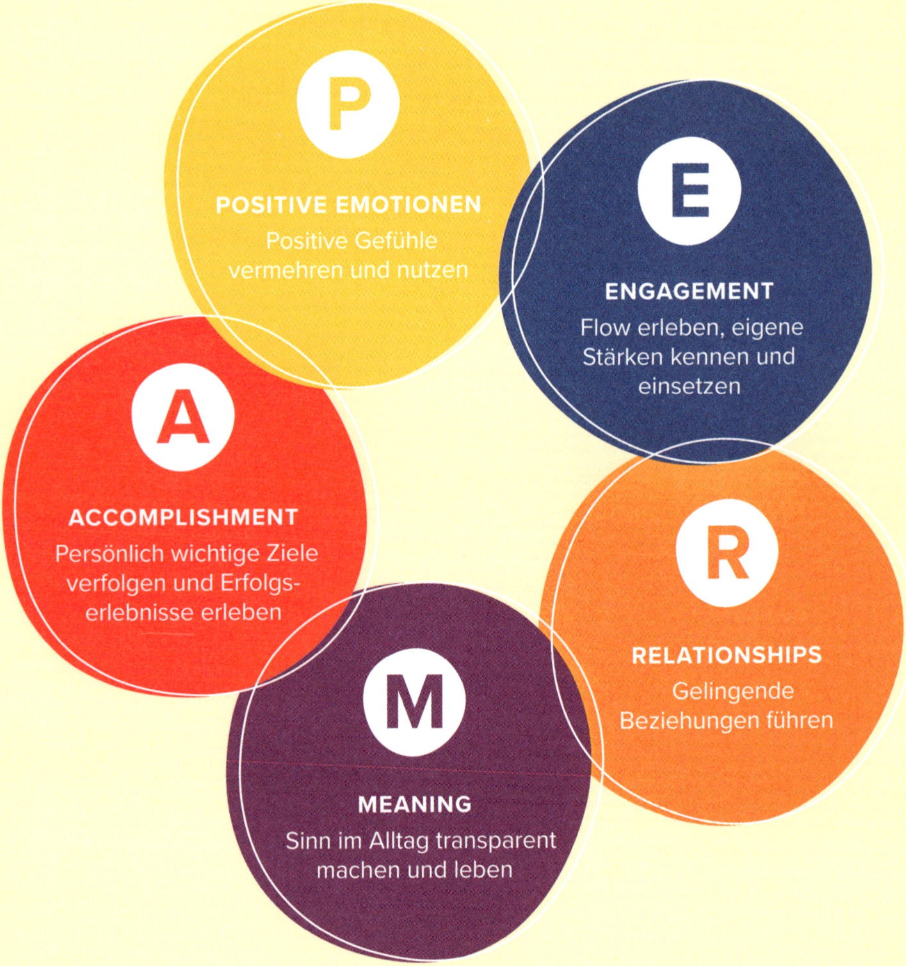
P
POSITIVE EMOTIONEN
Positive Gefühle vermehren und nutzen
E
ENGAGEMENT
Flow erleben, eigene Stärken kennen und einsetzen
R
RELATIONSHIPS
Gelingende Beziehungen führen
M
MEANING
Sinn im Alltag transparent machen und leben
A
ACCOMPLISHMENT
Persönlich wichtige Ziele verfolgen und Erfolgserlebnisse erleben

Jeder Buchstabe im Akronym PERMA repräsentiert einen wichtigen Baustein, der zur Zufriedenheit und zum Aufblühen in deinem Leben beiträgt. »Aufblühen« ist ein zentraler Begriff in der Positiven Psychologie. Es beschreibt nicht nur das Gefühl von Glück, sondern auch das Erreichen deines vollen Potenzials als Mensch. Wenn du aufblühst, bist du nicht nur zufrieden und glücklich, sondern du lebst ein erfülltes Leben, in dem du deine Stärken nutzt, deine Ziele verfolgst und einen Sinn in dem siehst, was du tust.

Aufblühen bedeutet, dass du nicht nur existierst, sondern wirklich lebst. Du entwickelst dich weiter, findest Freude an deinen Aktivitäten und Beziehungen, fühlst dich energievoll und inspiriert. Du überwindest Hindernisse und lernst aus Rückschlägen. Es geht darum, im Einklang mit deinen Werten und Zielen zu leben und dabei eine tiefe Befriedigung zu empfinden.

Warum ist Aufblühen so erstrebenswert? Weil es uns ermöglicht, uns zu entfalten, authentisch zu sein, unsere Lebensqualität zu steigern und ein erfülltes, sinnvolles Leben zu führen. Es ist, als ob du in deinem eigenen Leben aufblühst wie eine Blume, die ihre volle Pracht zur Geltung bringt. Du kannst aktiv daran arbeiten, dieses Aufblühen zu erreichen, indem du die Prinzipien der fünf Glückssäulen anwendest, die wir uns jetzt Schritt für Schritt gemeinsam anschauen werden.

POSITIVE EMOTIONEN

Erste Glückssäule

GIB DEM POSITIVEN VORRANG

»Nicht die Dinge machen uns zu schaffen,
sondern die Art und Weise,
wie wir diese wahrnehmen.«

Epiktekt

Bevor ich dir verrate, wie du mehr gute Gefühle in dein Leben integrieren kannst, lass uns ein kleines Experiment machen. Was fällt dir an diesen Rechnungen auf?

3+5 = 8
4+7 = 11
2+3 = 6
8+2 = 10
1+4 = 5

Sehr wahrscheinlich hast du bemerkt, dass in der dritten Berechnung ein Fehler vorliegt. Du bist damit in guter Gesellschaft, denn die meisten Menschen konzentrieren sich auf den Fehler in einer Aufgabe. Dass die vier anderen Aufgaben korrekt gelöst wurden, liegt nicht in unserem Fokus.

Warum ist das so?

Die Grundeinstellung in unserem Gehirn lautet: Nimm die negative Abweichung wahr.

Unser Gehirn ist quasi auf das Negative programmiert. Für unsere Vorfahren war das überlebenswichtig. Von evolutionärer Bedeutung war es nicht, schöne Dinge wie einen malerischen Sonnenuntergang oder eine farbenfrohe Blume am Wegesrand bewusst wahrzunehmen. Vielmehr lag der Fokus darauf, potenzielle Gefahren oder Probleme zu erkennen. Wenn sich beispielsweise im Gebüsch eine ungewöhnliche Bewegung bemerkbar machte, war es von überlebenswichtiger Bedeutung zu klären, ob ein gefährliches Tier wie ein Säbelzahntiger dort lauerte. Das erforderte rasche Entscheidungen – sei es Kampf oder Flucht. Obwohl heutzutage nur noch sehr selten gefährliche Tiere im Gebüsch versteckt sind, ist unser Gehirn immer noch auf diese Art der Wahrnehmung eingestellt. Unser Gehirn ist darauf programmiert zu überleben, nicht darauf, glücklich zu sein.

Im Alltag bedeutet das für dich:

- Negatives Denken ist ein absoluter Selbstläufer.
- Du bemerkst Schwierigkeiten und unangenehme Gefühle deutlich rascher als schöne Dinge.
- »Negative« Gefühle bleiben dir länger im Gedächtnis als die positiven.

Du musst also absolut nichts dafür tun, das Negative in deinem Leben wird dir auf jeden Fall auffallen. Dafür sorgt dein Gehirn. Die Standard-Negativ-Einstellung unseres Gehirns macht es uns im Alltag schwerer, die schönen Dinge wahrzunehmen und uns glücklich und erfüllt zu fühlen. Ganz gleich, ob du dich über etwas ärgerst, frustriert bist oder enttäuscht – diese Gefühle fallen dir viel schneller auf und verweilen länger in deiner Erinnerung. Aber hier ist die erfreuliche Nachricht: In deinem Leben gibt es zahlreiche Gelegenheiten für positive Gefühle und Möglichkeiten, sie zu erleben. Leider übersehen wir sie im Alltag oft. Das wollen wir nun ändern, denn positive Gefühle sind wie Treibstoff für unseren inneren Motor. Sie geben uns die Energie und Motivation, um Herausforderungen zu bewältigen und unsere Ziele zu erreichen. Je mehr du dich auf die positiven Gefühle konzentrierst und sie in deinem Alltag kultivierst, desto erfolgreicher und glücklicher wirst du sein.

Daniela Blickhan, Expertin und Trainerin der Positiven Psychologie, vergleicht positive Gefühle gerne mit Seifenblasen, weil sie leicht und flüchtig sind, aber gleichzeitig wunderschön und faszinierend. Seifenblasen sind berühmt dafür, dass sie nur für kurze Zeit existieren, bevor sie platzen und verschwinden. Ähnlich verhalten sich positive Gefühle oft. Sie können in einem Moment auftauchen und im nächsten verschwinden, abhängig von unseren Erfahrungen und Umständen. Seifenblasen sind sehr empfindlich gegenüber äußeren Einflüssen. Positive Gefühle können genauso empfindlich auf stressige Situationen, negative Gedanken oder äußere Stressfaktoren reagieren. Trotz ihrer Flüchtigkeit sind Seifenblasen erstaunlich schön und faszinierend anzusehen. Positive Gefühle haben auch eine natürliche Anziehungskraft und bringen Freude und Glück in unser Leben, selbst wenn sie nur für kurze Zeit bestehen. Das Betrachten und Spielen mit Seifenblasen kann uns unmittelbare Freude bereiten. Ebenso haben positive Gefühle die Kraft, uns sofort glücklicher und zufriedener zu machen.

»Negative« Gefühle verhalten sich hingegen eher wie Tennisbälle aus einer Ballmaschine. Wenn uns ein Tennisball aus einer Ballmaschine trifft, kann das schmerzhaft sein. Ähnlich verursachen »negative« Gefühle oft emotionale Schmerzen und Unbehagen, wenn sie unser Leben beeinflussen und uns belasten. Eine Ballmaschine wirft kontinuierlich Bälle aus, und »negative« Gefühle können sich manchmal in unserem Inneren wiederholen, immer wieder auftauchen und uns beeinträchtigen. Tennisbälle aus einer Ballmaschine können mit hoher Geschwindigkeit auf uns zukommen, genauso wie »negative« Gefühle manchmal überwältigend und intensiv sein können. Wie Tennisbälle können »negative« Gefühle schwer zu »fangen« sein. Sie können es uns schwierig machen, mit ihnen umzugehen. Zudem kann das kontinuierliche Abwehren und Bewältigen von »negativen« Gefühlen viel Energie kosten, ähnlich wie das Spielen gegen Tennisbälle aus einer Ballmaschine körperlich herausfordernd ist.

Was ich dir mit dieser Metapher verdeutlichen will: Seifenblasen sind im Alltag leicht zu übersehen. Glücksmomente benötigen deine bewusste Aufmerksamkeit. Wenn dich hingegen ein Tennisball aus einer Ballmaschine am Körper trifft, du also etwas Negatives erlebst, wirst du es selbst im stressigen Alltag auf jeden Fall bemerken.

MERKE DIR:

Unser Gehirn neigt dazu, sich auf negative Dinge zu konzentrieren. Das geschieht aufgrund seiner evolutionären Programmierung, die auf die Erkennung von Gefahren ausgerichtet ist. Du nimmst deshalb negative Gedanken und Gefühle leichter wahr und sie bleiben dir länger im Gedächtnis als positive. Das kann dazu führen, dass du die schönen und erfreulichen Aspekte deines Lebens übersiehst. Daher ist es wichtig, dass du dich bewusst auf positive Gefühle konzentrierst. Sie geben dir Energie und Motivation, um Herausforderungen zu bewältigen und machen dich glücklicher.

In meinen Glückscoachings höre ich immer wieder folgende Sorge von meinen Coachees: »Ich tue mir so schwer mit positiven Gefühlen. Ich empfinde sie nicht so intensiv. Ich beneide andere Menschen, die sich so richtig freuen können, aber ich kann das nicht.«

Die gute Nachricht ist: Das ist auch gar nicht nötig. Es gibt mittlerweile umfangreiche Forschungsergebnisse, die darauf hindeuten, dass es bei positiven Gefühlen weniger auf ihre Intensität ankommt, sondern vielmehr darauf, wie häufig du sie in deinem Leben erlebst. Anders ausgedrückt, es kommt darauf an, wie regelmäßig du positive Gefühle in deinem Alltag erfährst. Du musst also keine extremen emotionalen Höhenflüge erleben, um glücklich zu sein. Viel wichtiger ist es, regelmäßig positive Gefühle zu erleben. Durch diese regelmäßige Erfahrung von positiven Gefühlen beginnt dein Gehirn damit, neuronale Verbindungen (Datenautobahnen) für positive Emotionen und Erfahrungen auszubauen und zu stärken. Und das hat einen erstaunlichen Effekt.

DIE KRAFT POSITIVER GEFÜHLE

Die neuen Datenautobahnen für positive Emotionen in deinem Gehirn nützen dir auf vielfältige Weise, denn sie setzen positive Aufwärtsspiralen in deinem Leben in Gang, zum Beispiel:

Je glücklicher du dich fühlst, desto stärker ist dein Selbstwertgefühl. Ein höheres Selbstwertgefühl führt dazu, dass du mehr an dich selbst glaubst. Je mehr du an dich selbst glaubst, desto mehr engagierst du dich in deinem Job. Je engagierter du deine Stärken im Beruf einsetzt, desto erfolgreicher fühlst du dich. Je kompetenter du dich fühlst, desto mehr traust du dir zu. Du siehst, eines führt zum anderen und der Ausgangspunkt sind positive Gefühle.

Die Glücksforscherin Barbara Fredrickson hat herausgefunden, dass positive Gefühle unser Leben auf zwei Weisen verändern:

1. **Broaden** (erweitern): Positive Gefühle, wie zum Beispiel Freude, Dankbarkeit, Interesse, Hoffnung, Stolz oder Liebe, erweitern unseren Denk- und Handlungsspielraum. Wenn wir uns gut fühlen, werden unsere Gedanken und Handlungen flexibler. Unser Fokus weitet sich und wir haben ein viel breiteres Wahrnehmungsfeld. Dadurch sind wir kreativer, offener für neue Ideen und sozial engagierter.
2. **Build** (aufbauen): Positive Emotionen wie Freude und Glück sind nicht nur in dem Moment, in dem wir sie erleben, gut für uns. Sie helfen uns auch dabei, unsere Resilienz und unsere Lebensqualität insgesamt zu verbessern.

Bestimmt kennst du den umgekehrten Mechanismus aus deinem Alltag, wenn du unangenehme Gefühle hast. Wenn wir Angst haben, besorgt sind oder uns schämen, weil wir einen

Fehler gemacht haben, dann schaltet unser Gehirn auf eng und macht den Tunnelmodus an. Wir sehen nichts mehr als diesen Fehler und vergessen alles, was wir bislang Gutes geleistet haben. Oder stell dir vor, du hast einen wichtigen Termin, zum Beispiel ein Vorstellungsgespräch für deinen Traumjob. In den Tagen vor dem Gespräch bist du extrem besorgt und ängstlich, ob du gut genug sein wirst. Während dieser Zeit kann es passieren, dass dein Gehirn in Tunnelblick-Modus verfällt. Zum Beispiel könnte es sein, dass du immer wieder die möglichen Fragen durchgehst und dir im Geiste ausmalst, was passieren würde, wenn du versagst. Dabei bist du so in deinen »negativen« Gefühlen gefangen, dass du vielleicht die freundliche Geste einer Kollegin oder die Tatsache, dass die Sonne scheint, einfach ignorierst. Der Tunnelblick kann uns daran hindern, die positiven Seiten des Lebens zu sehen, selbst wenn sie da sind.

Das Gegenteil ist der Fall, wenn wir positive Gefühle haben. Dann weitet dein Gehirn seinen Fokus, was als *Broadening* bezeichnet wird. Diese erweiterte Perspektive setzt wiederum eine Aufwärtsspirale in Gang, die sich positiv auf dein Leben auswirkt. Das liegt daran, dass du unter dieser erweiterten Perspektive tendenziell Handlungen ausführst, die deine Ressourcen und Fähigkeiten noch weiter stärken *(Build)*. Du kannst es dir wie eine Kettenreaktion an positiven Effekten vorstellen. Zum Beispiel, wenn du dir regelmäßig Zeit für körperliche Aktivitäten nimmst. Du gehst ins Fitnessstudio oder machst Yoga, was deinen Körper stärkt und deine Energie steigert. Das führt zu einem Gefühl des körperlichen Wohlbefindens und der Zufriedenheit. Als Ergebnis fühlst du dich motiviert, gesunde Essgewohnheiten zu entwickeln, die deinen Körper weiter stärken. Du genießt vielleicht die Zubereitung von ausgewogenen Mahlzeiten und erfreust dich an den positiven Auswirkungen auf deine Gesundheit. Wenn du dann zur Arbeit gehst, tust du dies mit mehr Energie und einem klaren Kopf. Deine verbesserte Aufmerksamkeit hilft dir, Aufgaben besser zu organisieren und Details genauer wahrzunehmen. Wenn Probleme auftreten, gehst du optimistischer an sie heran und findest schneller Lösungen. Gleichzeitig ermutigt dich diese positive Einstellung dazu, nach neuen Herausforderungen zu suchen. Du könntest eine neue Fähigkeit erlernen oder ein lang gehegtes Projekt angehen. Dein gestärkter Optimismus und dein Selbstvertrauen helfen dir dabei, diese Ziele zu erreichen. Dies führt zu einem anhaltenden Gefühl des Stolzes und der Zufriedenheit, was dich dazu ermutigt, noch mehr aus deinem Leben herauszuholen.

Sobald du positive Gefühle erlebst, wird dieser Ressourcen-Aufbau-Prozess in Gang gesetzt. Das wirkt sich natürlich auch positiv auf deine zwischenmenschlichen Beziehungen aus. Zufriedene Menschen strahlen Glück aus und ernten deshalb mehr Liebe und Zuneigung, was sich wiederum positiv auf ihre Beziehungen auswirkt und sie stärkt. Stell dir vor, du pflegst eine enge Freundschaft mit jemandem, den du schon seit Jahren kennst. Ihr verbringt Zeit miteinander, teilt Erlebnisse und unterstützt euch in guten wie in schlechten Zeiten. Wenn ihr euch trefft, schafft ihr eine Atmosphäre der Freude und des Vertrauens. Ihr lacht über gemeinsame Witze, erinnert euch an Abenteuer aus der Vergangenheit und teilt eure Träume für die Zukunft. Diese positiven Momente stärken eure Bindung. Unter deinem erweiterten Wahrnehmungsfokus, bedingt durch schöne Erlebnisse, wirst du wahrscheinlich auch aufmerksamer gegenüber den Bedürfnissen deines Freundes oder deiner Freundin. Du erkennst seine beziehungsweise ihre Stimmung und Sorgen schneller und bist bereit, Unterstützung anzubieten. Diese gesteigerte Sensibilität kann dazu beitragen, Konflikte rechtzeitig zu erkennen und anzusprechen, anstatt sie zu übersehen oder aufzuschieben. Wenn Probleme auftreten, habt ihr die Gewissheit, dass ihr sie gemeinsam angehen könnt, da ihr bereits viele positive Erfahrungen der Zusammenarbeit und der gegenseitigen Unterstützung erlebt habt.

Diese positive Dynamik zwischen guten Gefühlen und starken sozialen Beziehungen kann eure Freundschaft weiter vertiefen und euer Vertrauen ineinander stärken. Ihr seid vielleicht motiviert, noch mehr Zeit miteinander zu verbringen, gemeinsame Interessen zu erkunden oder sogar neue Abenteuer zusammen zu planen. Dies trägt nicht nur zu einer glücklicheren Freundschaft bei, sondern stärkt auch dein individuelles Wohlbefinden und bereichert deine sozialen Beziehungen insgesamt *(Build)*, weil du dir zwischenmenschliche Fähigkeiten aufgebaut hast, auf die du auch in anderen Kontexten zurückgreifen kannst.

Die Aufwärtsspiralen, die durch positive Gefühle entstehen, unterstützen uns, unser Leben aktiv und konstruktiv zu gestalten. Sie helfen dir, langfristige Ressourcen aufzubauen, die für ein glückliches und erfülltes Leben förderlich sind. Deshalb blühen Menschen, die in diese Aufwärtsspiralen eingetreten sind, auch immer weiter auf.

MERKE DIR:

Die Broaden-and-Build-Theorie besagt, dass positive Emotionen dazu beitragen, unser Wohlbefinden und unsere Lebensqualität zu steigern. Im Gegensatz zu unangenehmen Gefühlen, die oft zu einem engeren Denken führen, erweitern positive Emotionen unsere Gedanken, Handlungen und Ressourcen auf breite und vielseitige Weise. Damit eröffnen sie uns neue Möglichkeiten. Gute Gefühle helfen dir nicht nur in der Gegenwart, sondern haben auch langfristige positive Auswirkungen auf deine psychische Gesundheit, deine sozialen Beziehungen und deine Fähigkeit, mit den Herausforderungen des Lebens umzugehen. Deswegen ist es so wichtig in positive Gefühle zu investieren.

SECHS WEGE FÜR MEHR GUTE GEFÜHLE

Nun schauen wir uns an, wie du mehr gute Gefühle in deinem täglichen Leben verankern kannst. Mit jedem Kapitel in diesem Buch wirst du deinen Ressourcen-Rucksack immer weiter füllen. Zum Beispiel wirst du lernen, deine Stärken zu erkennen und sie effektiv zu nutzen. Du erfährst, wie du gelingende zwischenmenschliche Beziehungen gestalten kannst, im Einklang mit deinen Werten lebst und dir Ziele setzt, die dich langfristig glücklich machen. Das alles erhöht Schritt für Schritt automatisch die Wahrscheinlichkeit, dass du mehr positive Gefühle erlebst.

In diesem Kapitel beginnen wir gemeinsam zu erkunden, was du bereits jetzt aktiv unternehmen kannst, um dein Glücksempfinden zu steigern und mehr positive Gefühle in dein Leben einzuladen. Kurz gesagt lautet die Antwort: Gib dem Positiven Vorrang!

Der wichtigste Ansatz ist, mehr von den positiven Gefühlen wahrzunehmen, die ohnehin schon da sind. Oft neigen wir dazu, immer mehr zu tun, um bestimmte Ziele zu verwirklichen. Im Hinblick auf positive Gefühle müssen wir jedoch häufig nichts weiter tun, als das, was wir bereits in unserem Leben Positives haben, bewusster wahrzunehmen.

Du hast bereits gelernt, dass unser Gehirn eine eingebaute Negativ-Verzerrung hat. Daher ist es so wichtig, deinen Fokus immer wieder ganz bewusst auf das Positive zu lenken. Auf diesen sechs Wegen gelingt es dir, zukünftig immer leichter dein Gehirn darauf zu trainieren, das Positive wahrzunehmen und dein Wohlfühlglück zu stärken.

WEG NUMMER 1: SETZE DEINE KÖRPERLICHEN GRUNDBEDÜRFNISSE AN OBERSTE STELLE

Lisa suchte meine Unterstützung im Coaching, da sie sich unglücklich und energielos fühlte. Sie verglich sich stark mit ihren Kolleginnen und fühlte sich weniger produktiv als sie. Lisa liebte ihren Job, war aber nach einem durchschnittlichen Arbeitstag so fertig, dass sie keine Energie mehr für Freizeitbeschäftigung hatte. All das machte ihr sehr zu schaffen und sie wurde von Selbstzweifeln geplagt: »Warum schaffe ich es nicht, so effizient wie die anderen zu arbeiten? Bin ich nicht gut genug für meinen Job?«

Während unserer Gespräche kam allmählich ans Licht, dass sie ihre körperlichen Grundbedürfnisse vernachlässigte. Sie erzählte, dass sie an Arbeitstagen aus Zeitmangel oft vergaß, ausreichend zu essen und sich stattdessen auf einen einzigen Apfel beschränkte. Dies führte dazu, dass sie im Laufe des Tages nicht genügend Energie hatte, um ihre Aufgaben zu bewältigen. Sie fühlte sich körperlich und emotional erschöpft.

Ich hätte mit Lisa noch zig Coachingeinheiten zum Thema eigene Stärken erkennen und Selbstwertgefühl machen können, aber die Lösung war viel banaler: Wir erkannten gemeinsam, dass die Erfüllung ihrer grundlegenden körperlichen Bedürfnisse essenziell war, um positive Gefühle und Zufriedenheit in ihrem Leben zu erleben. Ich unterstützte Lisa, bewusster auf ihre körperlichen Bedürfnisse zu achten und Strategien zu entwickeln, um diese zu erfüllen. Das führte schließlich dazu, dass sie in der Arbeit aufnahmefähiger, kreativer und selbstbewusster wurde, sowie abends mehr Energie für Freizeitaktivitäten zur Verfügung hatte, was sie allgemein glücklicher fühlen ließ.

Ich kenne das auch aus meinem persönlichen Leben. Wenn ich hungrig bin und die Nacht davor schlecht geschlafen habe, fällt es mir schwerer, meinem Sohn gegenüber einfühlsam zu sein und mich in seine Situation hineinzuversetzen, als wenn ich ausgeruht und satt bin. In solchen Momenten neige ich dazu, schneller gereizt oder ungeduldig zu reagieren. Es fällt mir dann schwerer, mit ihm in Geduld und Verständnis zu kommunizieren, und das hat schon öfter zu Missverständnissen und Konflikten geführt. Ich möchte dir mit diesen Beispielen verdeutlichen, welchen erheblichen Einfluss unsere körperlichen Bedürfnisse auf unser emotionales Befinden und unsere soziale Interaktion haben können.

MERKE DIR:

Wenn du deine grundlegenden körperlichen Bedürfnisse (Schlafen, Trinken, Essen, Bewegung) nicht ausreichend erfüllst, befindest du dich in einem Zustand des Mangels. Das ist eine ganz schlechte Voraussetzung für das Erleben von positiven Gefühlen. Deshalb achte darauf, deine körperlichen Grundbedürfnisse zu befriedigen. Das ist die Basis für mehr gute Gefühle in deinem Leben.

REFLEXION:
PRIORISIERE KÖRPERLICHE GRUNDBEDÜRFNISSE

Ich lade dich ein, einen Moment innezuhalten und darüber nachzudenken, wie du den ersten Weg für mehr gute Gefühle in dein Leben integrieren kannst. Kleine Veränderungen in der Erfüllung deiner grundlegenden Bedürfnisse können einen großen Unterschied in deinem Leben bewirken:

1. Wie gut erfüllst du derzeit deine körperlichen Grundbedürfnisse wie Schlafen, Trinken, Essen und Bewegung? Welche dieser Bedürfnisse könnten verbessert werden?
2. In welchen Situationen hast du bereits festgestellt, dass die Vernachlässigung deiner körperlichen Grundbedürfnisse sich auf dein Wohlbefinden und deine Stimmung ausgewirkt hat?

3. Welche kleine realistische Veränderung kannst du sofort vornehmen, um eines deiner körperlichen Grundbedürfnisse in Zukunft besser zu erfüllen? (Zum Beispiel einen Krug Wasser auf deinen Schreibtisch stellen, in der Mittagspause zehn Minuten um den Block gehen, eine Stunde vor dem Schlafengehen elektronische Geräte ausschalten, um besser schlafen zu können, gesunde Snacks vorbereiten und zur Arbeit mitnehmen ...) Wähle eine deiner Ideen aus und setze sie um.

WEG NUMMER 2: MACHE EINEN POSITIVEN TAGESRÜCKBLICK

Der positive Tagesrückblick ist eine populäre und effektive Übung aus der Positiven Psychologie. Ich selbst bin ein großer Fan davon. Deshalb darf sie in meinem Buch natürlich nicht fehlen. Selbst wenn dir diese Übung schon bekannt sein sollte, möchte ich sie dir trotzdem noch mal ans Herz legen, weil sie so einfach und wirkungsvoll ist.

So funktioniert's:

Schritt 1: Jeden Abend vor dem Einschlafen schreibst du zunächst drei Dinge auf, die du an diesem Tag als positiv und schön erlebt hast. Dabei ist es irrelevant, ob es Dinge von großer oder kleiner Bedeutung sind. Wichtig ist nur, dass du mindestens drei Punkte notierst. Du scannst praktisch deinen Tag mit der Brille: *Was war heute schön?* Das können große Dinge sein, wie ein toller beruflicher Erfolg oder ein Gespräch mit einem guten Freund. Oder auch kleine Dinge, wie der erste Schluck Kaffee am Morgen. Das Notieren deiner drei Glücksmomente des Tages ist der erste Teil der Übung.

Schritt 2: Der zweite Teil ist aber der wirklich spannende. Zu jedem deiner Glücksmomente überlegst du dir nun: *Wie habe ich dazu beigetragen, dass ich das als schön erlebt habe?* Du hast zum Beispiel notiert: Ich fand es heute schön, dass die Sonne geschienen hat. Dann hast du auf verschiedene Weise dazu beigetragen, dass die Sonne dich glücklich gemacht hat. Zunächst hast du überhaupt einmal bemerkt, dass die Sonne scheint. Es hätte ja auch sein können, dass du deinen Autopiloten aktiviert hattest und es dir nicht einmal aufgefallen ist, welch schönes Wetter war. Du hast dir wahrscheinlich auch Zeit genommen, die Sonne bewusst zu genießen. Du warst vielleicht spazieren oder hast in der Arbeitspause dein Gesicht für ein paar Minuten in die Sonne gehalten. Manche meiner Coachees finden es zunächst schwierig, einen persönlichen Beitrag für ihre Glücksmomente zu finden. Sie haben das Gefühl, dass sie glückliche Momente aus reinem Zufall erleben, ohne selbst etwas dafür getan zu haben. Falls es dir auch so gehen sollte: bleib dran. Es lohnt sich hier wirklich zu überlegen. Oft besteht der eigene Beitrag darin, mit einer gewissen Einstellung oder Haltung an etwas heranzugehen, eine bestimmte Stärke einzusetzen, den inneren Schweinehund zu überwinden, sich Zeit zu nehmen, bewusst zu genießen, mutig zu sein oder anderweitig aktiv zu handeln. Zum Beispiel könntest du aktiv werden und dich dazu entscheiden, an einem freien Nachmittag einen Spaziergang in der Natur zu machen, anstatt zu Hause zu bleiben. Oder du könntest ein neues Hobby ausprobieren, das dich schon immer interessiert hat, wie Malen oder Gitarre spielen. Auch ein spontanes Treffen mit einem Freund oder einer Freundin kann einen positiven Unterschied machen. Manchmal sind es auch Dinge, die du in der Vergangenheit getan hast, die dazu führen, dass du jetzt Glück erlebst.

Schritt 3: Beobachte, wie sich deine Stimmung dadurch ändert, wenn du immer mehr Tage mit einem guten Gefühl abschließt. Gerade in Zeiten, wo es mir nicht so gut geht, liebe ich es »Glückstagebuch zu schreiben«. So nenne ich den positiven Tagesrückblick. Selbst an miesen Tagen, an denen ich abends heimkomme und mir denke: »Heute finde ich sicher keinen einzigen schönen Moment für mein Glückstagebuch«, gelingt es mir, nach ein bisschen Nachdenken, immer drei Momente zu finden, auch wenn sie noch so klein sind. Dieses Nachdenken und Fokussieren auf die kleinen, schönen Augenblicke bewirkt, dass ich den ganzen Tag rückblickend in einem neuen Licht sehe.

Wenn du nun mit dem Glückstagebuch beginnst, schreibe die Dinge am besten auf. Suche dir ein schönes Buch oder ein Heft. Etwas, das du wirklich gerne und mit Freude aufschlägst. Die zehn Minuten täglich, die du für die Übung brauchst, sind sehr gut investierte Zeit, weil du dich selbst und dein Glück besser kennenlernst. Jeder Tag gleicht einem kleinen Leben. Je mehr du im Verlauf deines Tages den Fokus auf positive Aspekte legst, desto eher wirst du die Freude, Leichtigkeit und Zufriedenheit in deinem Leben erfahren, die du dir wünschst. Es sind die kleinen, täglich wiederholten Handlungen, die letztendlich den entscheidenden Unterschied ausmachen. Vielleicht mag es nach fünf Tagen noch nicht besonders spürbar sein, ob du täglich Glückstagebuch schreibst, aber ich versichere dir, schon nach mehreren Wochen wirst du einen unglaublichen Unterschied in deinem Leben spüren. Ich empfehle dir, den positiven Tagesrückblick für mindestens zwei Wochen kontinuierlich zu führen, um einen guten Effekt zu erzielen.

MERKE DIR:

Mit einem positiven Tagesrückblick schärfst du deinen Blick für positive Gefühle in deinem Leben und merkst, was du selbst dazu beitragen kannst. Das stärkt deine Selbstwirksamkeit. Mit der Zeit entdeckst du deine persönlichen Strategien, die zu deinem Wohlbefinden beisteuern und kannst sie bewusst nutzen.

ÜBUNG:
MACHE EINEN POSITIVEN TAGESRÜCKBLICK

Probiere den positiven Tagesrückblick für deinen heutigen Tag doch gleich einmal aus:

Was war heute schön? Was hat mich heute glücklich gemacht?

1. ______________________________

2. ______________________________

3. ______________________________

Wie habe ich dazu beigetragen, dass ich das als schön erlebt habe?

1. ______________________________

2. ______________________________

3. ______________________________

WEG NUMMER 3:
SEI ACHTSAM IN DER GEGENWART

Kennst du das, wenn du an einem warmen Sommerabend draußen sitzt, die Sonne langsam hinter dem Horizont verschwindet und die Vögel zwitschern? Alles scheint perfekt zu sein. Aber dann beginnst du darüber nachzudenken, was du morgen alles erledigen musst, ob du genug Geld auf dem Konto hast oder was vor ein paar Tagen schiefgelaufen ist. Du grübelst und bist in Gedanken versunken. Dabei entgeht dir völlig, wie wunderschön dieser Augenblick ist. Die warmen Sonnenstrahlen auf deiner Haut, das sanfte Abendlicht und die Ruhe der Natur – all das geht an dir vorbei, weil du nicht im Hier und Jetzt bist. Zack, schon hast du einen kostbaren Glücksmoment verpasst.

Es gibt zwei Arten, wie wir Zeit erleben können: Du kannst mit deinen Sinnen und deiner Aufmerksamkeit ganz in der Gegenwart sein und den aktuellen Augenblick wahrnehmen. Nennen wir sie die **Jetzt-Zeit**. Oder aber du bist in deinen Gedanken in der Vergangenheit, und grübelst über vergangene Erlebnisse nach, oder in der Zukunft, und planst, was du noch alles zu erledigen hast. Nennen wir sie die **Gedanken-Zeit**.

Das Leben besteht aus Augenblicken. Und wir erleben niemals in unserem Leben etwas, das außerhalb des gegenwärtigen Augenblicks passiert. Lass uns diese Tatsache näher ergründen. Deine Vergangenheit sind deine Erinnerungen, also deine gedankliche Aufzeichnung und Sammlung von vergangenen Momenten. Auch wenn uns die Vergangenheit manchmal sehr real vorkommt, so ist sie es doch nicht. Schon jetzt ist der Augenblick vergangen, in dem du diesen Absatz gelesen hast. Auch Künftiges passiert nie im Jetzt, denn die Zukunft ist ja noch gar nicht eingetreten. Wir können sie uns lediglich in Gedanken ausmalen. Vergangenheit und Zukunft sind also Gedanken-Zeit, sie geschehen nicht im Jetzt. Die Vergangenheit ist vergangen, daran können wir nichts mehr ändern. Auf die Zukunft können wir zwar Einfluss nehmen, aber sie geschieht nicht in der Jetzt-Zeit. Das bedeutet, nur im Hier und Jetzt kannst du Glück empfinden, denn nur diesen Augenblick kannst du tatsächlich erleben. Du kannst allerdings deine Gedanken-Zeit dazu nützen, um dir Glücksmomente in der Gegenwart zu schaffen. Das gelingt dir dann, wenn du dich an schöne Momente in der Vergangenheit erinnerst oder auf zukünftige Momente in der Zukunft freust. Für deine Glückskompetenz ist es deshalb wesentlich zu erkennen in welcher Zeit du dich aufhältst, in der Jetzt-Zeit oder der Gedanken-Zeit.

Je öfter wir mit unserer Aufmerksamkeit in der Gegenwart sind, desto öfter erleben wir automatisch Glücksmomente. Wenn du beispielsweise morgens unter der Dusche stehst, kannst du ganz in der Jetzt-Zeit sein und wahrnehmen, wie das warme Wasser deinen Rücken hinunterläuft, den herrlichen

Geruch des Duschgels einatmen und das sanfte Gefühl auf deiner Haut genießen, wenn du dich einseifst. Oder aber du bist in der Gedanken-Zeit und nimmst von all dem nichts wahr. Anstatt dir einen Wohlfühlmoment in der Gegenwart zu schaffen, bist du gedanklich schon beim ersten Meeting im Büro, planst, was du nach der Arbeit noch alles einkaufen willst, und spürst schon langsam den Stress in dir hochkriechen, wenn du an die vielen E-Mails in deinem Posteingang denkst. Dann fällt dir auch noch dein Streit mit deiner Kollegin von gestern ein und du ärgerst dich noch mal darüber, dass du ihr nicht klipp und klar deine Meinung gesagt hast. In der Gedanken-Zeit ist nun keine Spur mehr von Entspannung oder Glücksempfinden.

Verstanden, worum es geht? Sobald du bewusst wahrnimmst, dass du dich gerade in der Gedanken-Zeit befindest, hast du die Wahl, ob du weiter dort verweilen möchtest, oder dich lieber dem Hier und Jetzt zuwenden willst.

Eine alte Sufi-Geschichte bringt das Leben im »Hier und Jetzt« auf den Punkt:

Ein weiser Mann, der eine ungeheure Ruhe ausstrahlte, wurde von einem geplagten Menschen gefragt: »Wie machst du das, immer so ruhig zu sein?«

»Ganz einfach«, antwortete der Weise. »Wenn ich sitze, dann sitze ich. Wenn ich aufstehe, dann stehe ich auf. Wenn ich gehe, dann gehe ich. Wenn ich esse, dann esse ich. Wenn ich arbeite, dann arbeite ich. Wenn ich höre, dann höre ich und wenn ich spreche, dann spreche ich!«

»Wie, das verstehe ich nicht?«, erwiderte der andere: »Das tue ich doch auch! Trotzdem bin ich so nervös!«

»Nein«, sprach der Weise. »Du machst es anders: Wenn du sitzt, dann stehst du schon auf. Wenn du aufstehst, dann gehst du schon. Wenn du isst, dann arbeitest du schon und wenn du hörst, dann sprichst du schon. Das ist ein großer Unterschied!«

Wichtig: Dass du versuchen sollst, so viel wie möglich in der Jetzt-Zeit zu leben, bedeutet aber nicht, dass du nun nie wieder etwas planen sollst. Auch wenn du im Hier und Jetzt glücklich bist, möchtest du weiterhin pünktlich zu deinen Terminen kommen. Dich nach der Uhrzeit zu richten und beispielweise zu überlegen, wie lange du wohin brauchst, hat eine rein praktische Funktion. Dein Erleben dieser Art von Gedanken-Zeit ist neutral. Ebenso möchtest du Ziele in der Zukunft planen, damit du im Jetzt handeln kannst, um sie zu erreichen. Zum Beispiel lernen, um eine Prüfung zu schaffen; Hotels und Flüge buchen, um deine Reise anzutreten und so weiter. Diese Art von Verweilen in der Gedanken-Zeit, zieht konkrete Handlungen nach sich, die sich positiv auf dein Glücksempfinden auswirken. Was dein Wohlfühlglück jedoch negativ beeinflusst, ist, wenn du dich in endlosen Gedankenschleifen verlierst, wie sich die Zukunft entwickeln könnte oder wenn du über vergangene Ereignisse brütest, die nicht so verlaufen sind, wie du gehofft hattest. Diese Art von Gedanken-Zeit führt nicht zu konkreten Handlungen – du kannst Vergangenes nicht mehr ändern –, sondern bloß zu schlechter Stimmung in Form von Sorgen oder Ärger.

MERKE DIR:

Achtsam im Moment sein bedeutet, deine volle Aufmerksamkeit und bewusste Präsenz auf den gegenwärtigen Augenblick zu lenken, ohne von Gedanken über die Vergangenheit oder die Zukunft abgelenkt zu sein. Es geht darum, den Moment bewusst wahrzunehmen, ohne zu beurteilen oder zu analysieren. So schaffst du einen Landeplatz für Glücksmomente. Das gelingt dir am leichtesten, wenn du all deine Sinne einsetzt, um die Erfahrungen in diesem Moment vollständig zu erfassen. Das bedeutet, bewusst zu hören, zu sehen, zu fühlen, zu schmecken und zu riechen, was gerade geschieht.

REFLEXION: ÜBERPRÜFE, IN WELCHER ZEIT DU DICH AUFHÄLTST

Wie oft wir uns in der Gedanken-Zeit verlieren und so den gegenwärtigen Augenblick verpassen, ist uns meist gar nicht bewusst. Deshalb lade ich dich nun zu folgender Reflexion ein: Beobachte drei Tage hintereinander immer wieder, in welcher Zeit du dich gerade befindest – in der Gegenwart, in der Zukunft oder in der Vergangenheit. Halte im Alltagsfluss immer mal wieder bewusst inne und mache dir Notizen, in denen du für dich folgende Fragen beantwortest:

- Welche Gedanken bringen mich in die Vergangenheit oder Zukunft? (Zum Beispiel: »Wieso habe ich das bloß gestern gesagt?«, »Was wäre, wenn ich damals anders entschieden hätte?«, »Wenn ich damit fertig bin, dann mache ich …« Oder: »Was, wenn es nicht klappt?«)
- Bei welchen Tätigkeiten beziehungsweise in welchen Momenten bin ich ganz in der Gegenwart? (Zum Beispiel beim Kochen, Sport betreiben, Küssen, E-Mails beantworten, Katze streicheln, spielende Kinder beobachten …)
- Welche Gefühle empfinde ich ausgelöst durch die Gedanken-Zeit oder Jetzt-Zeit (zum Beispiel Nostalgie, Reue oder Bedauern für die Vergangenheit; Sorge, Aufregung oder Vorfreude für die Zukunft; Zufriedenheit, Ruhe oder Freude in der Gegenwart)?
- In welcher »Zeitzone« halte ich mich überwiegend auf (Vergangenheit, Gegenwart oder Zukunft)?

Kann ich nach drei Tagen Beobachtung gewisse Muster erkennen (zum Beispiel während der Arbeit über die Zukunft nachdenken oder in der Gegenwart sein, beim Treffen mit Freundinnen)?

ÜBUNG: SETZE ACHTSAMKEITSANKER IM ALLTAG

Diese einfache, aber effektive Achtsamkeitsübung hilft dir, öfter im Hier und Jetzt zu sein, indem du dir Achtsamkeitsanker setzt. Die Idee ist, kleine Momente in deinem täglichen Leben zu finden, die dich daran erinnern, achtsam und bewusst zu sein.

Hier sind einige Ideen für dich:

- Genieße den ersten Bissen jeder deiner Mahlzeiten ganz bewusst. Spüre die Textur, den Geschmack und wie sich das Essen in deinem Mund anfühlt.
- Jedes Mal, wenn du eine Türklinke hinunterdrückst, mache es achtsam und spüre, wie sie sich anfühlt und sich die Türe öffnet oder schließt.
- Die tägliche Dusche kann zu einem Achtsamkeitsritual werden. Spüre das warme Wasser auf deiner Haut und rieche den Duft des Duschgels.
- Jedes Mal, wenn dein Telefon klingelt, nutze diesen Augenblick, um kurz innezuhalten. Atme tief ein und aus, bevor du den Anruf annimmst.
- Ob an der Bushaltestelle, im Warteraum beim Arzt oder in der Schlange an der Kasse – diese Momente des Wartens können perfekte Gelegenheiten für Achtsamkeit sein. Spüre deine Füße auf dem Boden und atme bewusst ein und aus.

Diese Achtsamkeitsanker sind wie kleine Erinnerungen daran, im gegenwärtigen Moment zu leben. Du kannst sie nach Belieben anpassen oder weitere hinzufügen, je nachdem, was für dich funktioniert. Die Schönheit dieser Übung liegt in ihrer Einfachheit und darin, dass sie dir hilft, den Stress des Alltags zu reduzieren und die kleinen Freuden des Lebens bewusster wahrzunehmen.

Viel Spaß beim Ausprobieren!

WEG NUMMER 4: NUTZE DEINE KÖRPERSPRACHE

Du weißt nun, wie du mit deinen Gedanken deine Gefühle positiv verändern kannst. Das Schöne ist, dass wir unsere Gefühle und unsere Stimmung nicht nur mit unseren Gedanken verbessern können, sondern auch mit unserem Körper.

Sicherlich ist dir schon aufgefallen, wie sich deine Körperhaltung verändert, wenn du traurig bist. Dann werden dein Kopf und deine Schultern herunterhängen, du wirkst eher gebückt, deine Augen sehen trostlos aus. Generell ist deine Körperspannung sehr gering. Nun überlege dir, welche Körperhaltung du einnimmst, wenn du glücklich bist? Denke jetzt an eine Situation in letzter Zeit, in der du so richtig glücklich warst. Hast du eine gefunden? Gehe gedanklich ganz in diesen Moment hinein und spüre hin: Wie ist deine Körperhaltung, deine Körperspannung und deine Mimik, wenn du glücklich bist? Sehr wahrscheinlich ist deine Haltung aufrecht, deine Schultern sind entspannt und deine Mimik strahlt Freude aus.

Denke nun wieder an deine glückliche Situation und nimm wahr, wo im Körper du Glück spürst. Wird dann dein Herz warm? Hast du das Gefühl dein ganzer Körper strahlt? Dein Gesicht lacht? Deine Augen glänzen? Kribbelt es in deinem Bauch? Sind deine Schultern ganz entspannt? Merkst du, wie sich deine Wirbelsäule aufrichtet? Sind deine Gedanken positiv und klar?

Durch dieses kleine Gedankenexperiment wird dir bewusst, wie stark sich unsere Stimmung auf unseren Körper und unsere Mimik auswirkt. Doch das Tolle ist, dass es auch umgekehrt funktioniert: Mit unserer Körperhaltung und unserer Mimik können wir unsere Stimmung gezielt positiv beeinflussen. Dieses Wissen wollen wir uns zunutze machen. Wissenschaftliche Studien unterstützen diese Erkenntnis. Zum Beispiel haben Forschungen gezeigt, dass eine aufrechte Körperhaltung nicht nur das Selbstvertrauen stärkt, sondern auch die Stimmung hebt. Wenn wir uns groß machen, indem wir aufrecht stehen und unsere Arme weit ausbreiten, kann uns das dabei helfen, uns selbstbewusster, kraftvoller und entschlossener zu fühlen, selbst wenn wir es zu Beginn nur simulieren.

Mit deiner Körperhaltung kannst du im Alltag sehr einfach experimentieren. Sie ist leicht veränderbar und du erzielst mit der Veränderung deiner Körperhaltung eine sofortige Wirkung. Probiere aus, welche Gangart deine Stimmung positiv beeinflusst: schneller oder langsamer, größere oder kleinere Schritte, gesenkter oder aufgerichteter Kopf, Arme schwingend oder ruhig und so weiter. Gehe in einen Park oder experimentiere einfach auf dem Weg zur Arbeit oder zum Supermarkt.

In meinen Workshops lasse ich die Teilnehmerinnen gerne gehen. Zunächst langsamer mit Blick auf den Boden gerichtet, dann immer beschwingter mit gerader Wirbelsäule. Ich bitte sie sich beim Gehen zuzulächeln und ab und zu einen Wechselschritt oder kleinen Freudenhüpfer einzubauen. In der Reflexionsrunde danach sind die Erfahrungen unterschiedlich. Die meisten erleben das langsame Gehen mit gesenktem Kopf als wenig erbaulich. Es zieht sie stimmungsmäßig hinunter. Andere hingehen empfinden es als sehr entspannend, weil sie dabei ganz bei sich sind, ohne Ablenkungen. Das aufrechte, beschwingte Gehen wird zumeist als sehr stimmungsaufhellend wahrgenommen. Vor allem in dem Moment, in dem sich die Teilnehmerinnen beim beschwingten Gehen auch gegenseitig zulächeln sollen, ist für mich als außenstehende Beobachterin ein zusätzliches Stimmungshoch erlebbar. Die Hüpfer oder Wechselschritte haben für die meisten etwas Befreiendes, Kindliches und Unbeschwertes.

Wann bist du das letzte Mal gehüpft?

Wie bei allen Übungen in diesem Buch, kommt es darauf an, was für dich wirkt. Finde für dich heraus, welche Gangart und Körperhaltung du als stimmungsaufhellend empfindest und setze diese Körperhaltung gezielt ein, wenn du in gedrückter Stimmung bist.

Wie schnell sich alleine unsere Köperhaltung auf die gesamte Wahrnehmung unserer Umgebung auswirken kann, hat mir einmal ein Teilnehmer berichtet. Er war umgezogen und fand seinen neuen Weg zur Arbeit sehr trist. Bis zum Workshop war er mit dem Blick zum Boden gerichtet gegangen, hatte den Müll am Gehsteig gesehen, den schlafenden Obdachlosen und grau in grau. Nach einigen Wochen berichtete er mir, wie sich seine Perspektive und Stimmung alleine dadurch geändert hatte, dass er jetzt den Blick nach oben richtete.

Nun sah er auf dem Weg zur Arbeit den Himmel, den Sonnenaufgang und die blühenden Bäume. Auf manchen Häusern entdeckte er sogar wunderschöne Stuckaturen. Er war positiv überrascht, welch große Wirkung manch kleine Veränderung haben kann.

MERKE DIR:

Unsere Körperhaltung beeinflusst nicht nur unsere Stimmung, sondern kann diese auch aktiv verändern. Eine aufrechte Haltung kann dein Selbstvertrauen stärken und die Stimmung heben. Experimentiere im Alltag mit verschiedenen Körperhaltungen und Gangarten, um herauszufinden, welche deine Stimmung positiv beeinflusst.

WEG NUMMER 5: PLANE MINI-URLAUBE EIN

Mit der Übung, die ich dir jetzt vorstellen möchte, kannst du ganz proaktiv für deine tägliche Wohlfühldosis sorgen, und zwar indem du kleine Mini-Urlaube in deinem Alltag einplanst. Mini-Urlaube sind geplante Auszeiten, in denen du bewusst innehalten und Aktivitäten genießen kannst, die dir Freude bereiten oder Entspannung bieten. Diese Momente sind dazu gedacht, dir positive Erfahrungen zu ermöglichen, sei es durch

Spaß, Gelassenheit oder gesteigerte Energie. Sie sind Gelegenheiten, um bewusst den Augenblick zu schätzen und achtsam zu sein.

So funktioniert's:

- **Schritt 1:** Erstelle eine Liste mit mindestens 30 Aktivitäten, die du gerne tust. Was macht dir Spaß, was wirkt wie ein Energieboost für dich, was genießt du, was tut dir gut? Achte bei der Erstellung deiner Liste mit positiven Aktivitäten darauf, dass die einzelnen Punkte unterschiedlich sind. Je vielseitiger, desto besser. Integriere kurze Aktivitäten (fünf bis zehn Minuten) und welche, die länger dauern, solche, die du alleine ausführen kannst und welche, die du mit anderen Menschen zusammen machst sowie spontane und geplante Aktivitäten.

- **Schritt 2:** Nun geht es darum, die Mini-Urlaube in deine wöchentliche Routine zu integrieren. Dies betrifft nicht nur deine Freizeit, sondern auch den beruflichen Alltag. Nimm deinen Kalender zur Hand und plane kleinere und größere Mini-Urlaube explizit ein. Am besten kennzeichnest du sie farblich. So sind deine Regenerationszeiten fix terminiert und du weißt schon beim Aufwachen, worauf du dich heute freuen kannst.

- **Schritt 3:** Ausreichend Ideen gesammelt und sorgfältig geplant? Jetzt ist die Zeit für die Umsetzung gekommen! Schließlich ist selbst der beste Plan wertlos, wenn er nicht in die Realität umgesetzt wird. Komm ins Tun und genieße deine Mini-Urlaube bewusst. Halte nach einer Woche Rückschau und reflektiere, wie gut es dir gelungen ist, deine Mini-Urlaube in die Tat umzusetzen. Was hat schon gut funktioniert und was noch nicht? Leite dadurch neue Ideen für die Zukunft ab.

MERKE DIR:

Mit Mini-Urlauben machst du jeden Tag zu einem Urlaubstag. Es geht darum, kleine Regenerationszeiten in deinen Alltag zu integrieren, um bewusst positive Erfahrungen, Freude und Entspannung zu erleben. Das Ziel ist es, diese Mini-Urlaube zu einer festen Gewohnheit in deinem Leben zu machen und regelmäßig Momente des Wohlbefindens zu genießen.

ÜBUNG:
FINDE UND PLANE MINI-URLAUBE

Finde 15 Mini-Urlaube, die du im Arbeitsalltag und 15, die du in deiner Freizeit machen kannst!

Freizeit	**Arbeitsalltag**
1. ________	1. ________
2. ________	2. ________
3. ________	3. ________
4. ________	4. ________
5. ________	5. ________
6. ________	6. ________
7. ________	7. ________
8. ________	8. ________
9. ________	9. ________
10. ________	10. ________
11. ________	11. ________
12. ________	12. ________
13. ________	13. ________
14. ________	14. ________
15. ________	15. ________

Hier einige Beispiele:

Freizeit: Spaziergang in der Natur, entspanntes Bad nehmen, Picknick mit Freundinnen, alle digitalen Geräte ausschalten und digitale Auszeit nehmen, bei ehrenamtlichem Projekt engagieren, Tagebuch schreiben, Ausflug planen, kreativem Hobby widmen ...

Arbeitsalltag: Arbeitsplatz mit schönen Blumen gestalten, Mittagspause im Park verbringen, fünf Minuten Büro-Yoga machen, Powernap halten, inspirierenden Artikel oder Buch lesen für mehr Motivation, Lunch-Date mit Kollegin, Bildschirmpause einlegen ...

Erstelle einen Wochenplan, in dem die verschiedenen Regenerationszeiten explizit gekennzeichnet und terminiert sind. Und dann: Setze deine Mini-Urlaube in der Praxis um!

WEG NUMMER 6: VERWENDE EINE KONSTRUKTIVE SPRACHE

Anna kam zu mir ins Coaching, weil sie sich in ihrem Leben extrem getrieben und wie gefangen im Hamsterrad fühlte. In unseren Gesprächen wurde offenbar, dass sie von einer Flut negativer Gedanken und Gefühle vereinnahmt war. Sie benutzte sehr oft Formulierungen wie »ich muss ...«, was darauf hindeutete, dass sie sich unter Druck gesetzt fühlte und wenig Spielraum für persönliche Wahlmöglichkeiten hatte. Anna war erschöpft und frustriert von dieser anhaltenden Belastung und sehnte sich nach einem Weg, um wieder Kontrolle über ihr Leben zu erlangen und mehr Freiheit und Freude zu erleben.

Geht es dir auch manchmal wie Anna? Der Wecker klingelt und beim Aufwachen denkst du schon an all die vielen Dinge, die du heute tun »musst«? Zum Beispiel: Ich muss heute früh in der Arbeit sein. Ich muss unbedingt das Meeting organisieren.

Ich muss nach der Arbeit noch schnell einkaufen gehen, denn am Abend muss ich auf jeden Fall noch Sport machen. Allein der Gedanke an das, was wir alles heute (noch) tun müssen, raubt uns schon unsere Glücksenergie und lässt uns recht freudlos in den Tag starten. Oft verwenden wir das »muss« sogar bei Vorhaben, die wir gerne machen und auf die wir uns freuen, zum Beispiel: »Ich muss heute noch meine Freunde treffen, die habe ich schon lange nicht mehr gesehen.« Oder: »Ich muss nach der Arbeit noch Yoga machen.«

Warum hat dieses kleine Wörtchen muss so eine negative Macht über uns? Weil es impliziert, dass wir unsere heutigen Vorhaben nicht frei gewählt haben, sondern sie eine lästige Pflicht für uns sind. Jedes muss löst mental und körperlich eine Abwehrreaktion in uns aus. Klar, wer will sich schon gerne in seinem Leben gezwungen und ausgeliefert fühlen? Entscheidungsfreiheit ist ganz wesentlich für unser Glück! Doch warum stressen wir uns mit diesem Wörtchen muss täglich selbst? Haben wir uns nicht selbst für die Tätigkeiten in unserem Leben entschieden?

Genau dieses Gedankenexperiment machte ich auch mit Anna. Wir probierten verschiedene Formulierungen aus:

Annas ursprüngliche Formulierung	Annas neue Formulierung
Ich *muss* jeden Tag Überstunden machen, sonst komme ich nicht voran.	Ich *will* bei Bedarf Überstunden machen, um meine Karriere voranzutreiben.
Ich *muss* oft auf Dienstreise gehen.	Ich *darf* oft auf bezahlte Dienstreisen gehen, was mir die Gelegenheit gibt, neue Orte zu erkunden und berufliche Erfahrungen zu sammeln.

Ich *muss* alle Aufgaben auf meiner To-do-Liste erledigen, bevor ich nach Hause gehe.	Ich *kann* alle Aufgaben auf meiner To-do-Liste erledigen, bevor ich nach Hause gehe. Wenn etwas dazwischenkommt oder länger dauert als geplant, kann ich den Rest bei nächster Gelegenheit erledigen.
Ich *muss* immer verfügbar sein, um auf berufliche E-Mails und Anrufe zu antworten.	Ich *möchte* unter der Woche auch abends für berufliche E-Mails und Anrufe verfügbar sein, um bei Problemen schnell reagieren zu können. Am Wochenende *möchte* ich mein Arbeitshandy ausschalten und ganz meine Freizeit genießen.
Ich *muss* pünktlich im Büro sein, sonst denkt mein Chef schlecht von mir.	Ich *entscheide mich dafür*, pünktlich im Büro zu sein, weil mir ein professioneller Eindruck wichtig ist.

Merkst du den Unterschied? Anna *musste* all diese Dinge nicht tun. Sie *wollte* all diese Dinge tun. Ein »ich will«, »ich kann«, »ich darf«, »ich möchte« oder »ich entscheide mich dafür« statt ein »ich muss« spürt sich innerlich, mental und emotional besser an. Nur indem du ein einziges Wort in deiner Aussage änderst, zum Beispiel statt einem »Ich muss heute kochen« ein »Ich will heute kochen« sagst, erzeugst du in dir ein Gefühl von Leichtigkeit, Freude und vor allem Freiheit. Sprache ist kraftvoll und beeinflusst unsere Gedanken, Gefühle und unser Wohlbefinden stark.

Und was ist, wenn du diese Übung machst und merkst, dass du diese Dinge wirklich nicht machen möchtest? Dann ist es wichtig, dir die Erlaubnis zu geben, es nicht zu tun. Früher hatte ich auch viele »muss«-Termine in meinem Kalender. Das führte dazu, dass sich meine Woche wie ein endloser Marathon aus (Freizeit-)Verpflichtungen angefühlt hat. Eines Tages hatte ich genug davon und hab mir die Zeit genommen, meinen Kalender durchzugehen. Ich habe mich bei jedem Termin gefragt: »Will ich das wirklich machen?« Alles, was kein klares »Ja« war, habe ich nach Möglichkeit reduziert oder gestrichen. Mir ist bewusst, dass nicht jeder die Freiheit hat, alle Termine zu streichen, aber selbst kleine Anpassungen können helfen, mehr Raum für das Wesentliche zu schaffen.

Auch Anna lernte mit der Zeit besser, Grenzen zu setzen und gewann ihre Freiheit zurück. Indem sie bewusst positive Formulierungen in ihrem Alltag praktizierte und sich darauf konzentrierte, was sie wirklich wollte, begann sie, eine erhebliche Veränderung in ihrem Leben zu spüren. Sie reduzierte Überstunden, schuf klarere berufliche und persönliche Grenzen und priorisierte ihre eigene Lebensqualität. Das ging nicht über Nacht, sondern war ein langer Weg mit vielen kleinen Schritten. Anna konnte die Freude an ihrer Arbeit wiederentdecken und entwickelte ein besseres Gleichgewicht zwischen ihren beruflichen Verpflichtungen und ihrem persönlichen Wohlbefinden.

MERKE DIR:

Durch die bewusste Nutzung einer konstruktiven und positiven Sprache kannst du deine Stimmung verbessern. Die Verwendung des Wortes »muss« kann zum Beispiel eine negative Wirkung auf deine Gedanken und Gefühle haben, weil es dir das Gefühl von Zwang und Pflicht vermittelt. Denke daran, dass du die Wahl hast, wie du deine Verpflichtungen und Aktivitäten wahrnimmst. Die bewusste Änderung deiner Sprache kann dazu führen, dass du dich freier, motivierter und glücklicher fühlst. Dieser kleine Schritt ist oft der erste von vielen positiven Veränderungen in deinem Leben.

REFLEXION:
NÜTZE EINE KONSTRUKTIVE SPRACHE

Ich lade dich dazu ein, nun für dich zu reflektieren: Welche Sätze oder Ausdrücke benutzt du in deinem Alltag oft, die »negative« Gefühle oder Stress in dir auslösen könnten? Notiere sie dir. Nimm dir dann einen weiteren Moment, um jeden dieser Sätze in eine positivere Formulierung umzuwandeln, bis es für dich stimmig ist. Hier findest du einige Beispiele als Inspiration:

Negative Formulierung	**Konstruktive Formulierung**
Das ist zu schwer.	Ich schätze die Gelegenheit, etwas Neues zu lernen.
Alles ist eine Katastrophe.	Vieles läuft gerade richtig mies, aber es gibt auch positive Aspekte in dieser Situation. Darauf fokussiere ich mich.
Ich bin gestresst.	Es ist zwar gerade viel los, aber wenn ich eines nach dem anderen erledige, bekomme ich es gut in den Griff.
Ich kann das nicht.	Ich werde mein Bestes geben.
Das wird ein Desaster.	Ich bin umgeben von Menschen, die mich unterstützen. Daran erinnere ich mich.

Diese Reflexionsübung kann dazu beitragen, bewusster zu werden, wie deine Sprache und Gedanken dein Wohlbefinden beeinflussen, und dir den Weg zu mehr positiver Selbstführung und Freiheit ebnen.

»NEGATIVE« GEFÜHLE SOUVERÄN REGULIEREN

Du weißt bereits, dass du mehr positive als »negative« Gefühle brauchst, um eine positive Aufwärtsspirale in deinem Leben in Gang zu setzen. Um das zu erreichen, hast du zwei Hebel zur Verfügung:

- Du kannst die positiven Erfahrungen in deinem Leben maximieren
- und die »negativen« Gefühle und Erfahrungen in deinem Leben minimieren.

Sechs konkrete Wege, um mehr positive Gefühle in dein Leben zu holen, hast du bereits kennengelernt, nämlich wie du deine körperlichen Grundbedürfnisse priorisierst, wie du einen positiven Tagesrückblick machst, wie du achtsam in der Gegenwart bist, wie du deine Körpersprache nutzt, wie du Mini-Urlaube einplanst und wie du eine konstruktive Sprache verwendest. Mit jedem Kapitel in diesem Buch werden weitere Wege dazukommen. Im nächsten Schritt möchte ich dir zeigen, wie du »negative« Gefühle auf konstruktive Weise bewältigen kannst, sodass sie dich nicht mehr beherrschen und sie dir nicht länger deinen Tag vermiesen.

DER HÄUFIGSTE FEHLER IM UMGANG MIT »NEGATIVEN« EMOTIONEN

Karin kam zu mir ins Coaching mit einem großen Ziel: Sie wollte ihre »negativen« Gefühle ein für alle Mal loswerden. Sie hatte gelesen, dass sie noch mehr negative Dinge in ihr Leben zieht, wenn sie sich schlecht fühlt. Also hat sie alles darangesetzt, ihre belastenden Gefühle einfach wegzuschieben, anstatt sich mit ihnen auseinanderzusetzen. Doch je mehr Karin versuchte, ihre Gefühle wegzudrücken, desto schlimmer wurde es: »Ich will so sehr mein Leben in eine positive Richtung lenken und endlich glücklich sein, aber ich habe so viele »negative« Gefühle in mir, die ich einfach nicht loswerden kann. Ich sage mir immer, dass ich diese »negativen« Gefühle nicht haben sollte. Dadurch fühle ich mich noch schlechter.« Karin wurde immer frustrierter. Sie fühlte sich hilflos und wie in einem Teufelskreis gefangen. Ich konnte sofort spüren, wie sehr sie mit sich selbst im Clinch lag.

Karin war sehr erleichtert, als ich ihr gleich mal Entwarnung gab: Für ein glückliches und erfülltes Leben ist es **nicht (!)** notwendig, nur noch positive Gefühle zu empfinden. Das wäre toxische Positivität, die uns bereits im Kapitel *Glück ist keine erzwungene Positivität* begegnet ist. Vielleicht ist dir aufgefallen, dass ich bislang jedes Mal, wenn ich »negative« Gefühle geschrieben habe, das Wort »negativ« unter Anführungszeichen gesetzt habe. Das liegt daran, dass es in Wahrheit einfach nur Gefühle gibt, weil uns alle Gefühle wertvolle Botschaften senden. Welche das sind, zeige ich dir im nächsten Abschnitt ausführlich. »Negative« Gefühle, wie Angst, Wut, Ärger, Schuld oder Scham, empfinden wir deshalb als negativ, weil wir sie wie körperlichen Schmerz wahrnehmen. Meistens wirst du »negative« Gefühle irgendwo im Rumpfbereich fühlen: Vielleicht schnürt es dir die Kehle zu, du hast ein Engegefühl im Brustkorb oder du spürst ein Ziehen in deinem Bauch. Genauso wie wir vermeiden wollen, uns in die Haut zu schneiden, wollen wir auch diese unangenehmen Körperwahrungen vermeiden und setzen meist alles daran, sie schnellstmöglich wieder loszuwerden.

Vermeiden von »negativen« Gefühlen ist aber leider die komplett falsche Taktik. Je mehr wir gegen ein Gefühl ankämpfen, desto mehr hat es uns im Griff. »Negative« Gefühle zu vermeiden, ist, wie wenn du versuchst, einen Ball unter Wasser zu drücken. Das kostet dich enorm viel Kraft und Anstrengung und in dem Moment, wenn du den Ball loslässt, poppt er mit riesiger Geschwindigkeit wieder an die Oberfläche. Das bedeutet, gegen deine Gefühle anzukämpfen oder zu versuchen sie krampfhaft abzustellen, kostet dich einerseits sehr viel Energie, die dir dann aber anderswo fehlt. Und andererseits sind die Gefühle ja nicht plötzlich weg, nur weil du sie vermeidest, sondern sie wirken im Untergrund weiter. Vielleicht kennst du das: Du ärgerst dich über jemanden, schluckst deinen Ärger aber hinunter, anstatt ihn auszudrücken. Dadurch staut sich immer mehr Ärger in dir an, bis du in einem völlig unpassenden Moment förmlich explodierst, was sich negativ auf deine Beziehungen auswirken kann. Das Unterdrücken von Gefühlen macht auf lange Sicht krank, weil körperliche Stressreaktionen ausgelöst werden, wie etwa Magenprobleme, erhöhter Blutdruck oder Schlafstörungen. Dies geschieht durch die anhaltende Ausschüttung von Cortisol, einem Stresshormon. Cortisol wird in der Nebennierenrinde produziert und hilft dem Körper, auf akuten Stress zu reagieren. Bei chronischem Stress führt eine dauerhafte Cortisolausschüttung jedoch zu negativen gesundheitlichen Auswirkungen, da es Entzündungen fördert, das Immunsystem schwächt und den Stoffwechsel beeinträchtigt. Das Risiko für psychische Erkrankungen steigt ebenfalls. Außerdem resultiert das Vermeiden von »negativen« Gefühlen häufig in Ausgleichshandlungen, die uns nicht guttun, zum Beispiel essen manche Menschen ihren Frust weg, scrollen stundenlang durch Social-Media-Kanäle, grübeln endlos oder arbeiten permanent, um nicht zu spüren, was in ihnen los ist. All das ist deinem Glück nicht zuträglich.

MERKE DIR:

Der größte Fehler im Umgang mit »negativen« Gefühlen ist, sie zu vermeiden. Du kannst und willst »negative« Gefühle in deinem Leben nicht eliminieren. Je mehr du gegen deine Gefühle ankämpfst, desto mehr Macht gibst du ihnen. Erst wenn Gefühle da sein dürfen, können sie auch wieder gehen.

JEDES GEFÜHL HAT EINEN SINN

Es ist wichtig zu verstehen, dass »negative« Gefühle zum Leben dazugehören. Sie bergen wichtige Informationen für uns, die wir für ein glückliches und erfülltes Leben nützen können. Jedes Gefühl hat einen Sinn, sonst hätten wir es nicht. Du kannst dir Gefühle wie die Warnlichter auf dem Armaturenbrett eines Autos vorstellen. Die positiven Gefühle sind wie das grüne Licht, das uns bestätigt, dass alles in Ordnung ist. Die »negativen« Gefühle hingegen sind wie das rote Warnlicht, das aufleuchtet, wenn etwas nicht stimmt. Sie dienen als Alarmsignale, die uns auf Probleme oder Herausforderungen hinweisen und uns auffordern, Maßnahmen zu ergreifen, um unsere emotionalen Bedürfnisse zu erfüllen oder Schwierigkeiten zu bewältigen. Ohne diese »negativen« Gefühle wären wir wie ein Auto ohne Warnleuchten, wäre uns das Problem nicht bewusst, und daher wären wir nicht in der Lage, angemessen zu reagieren. Jedes »negative« Gefühl weist dich darauf hin, dass mindestens eines deiner Bedürfnisse gerade vernachlässigt wird. »Negative« Gefühle unterstützen dich also dabei, deine Bedürfnisse zu erkennen und herauszufinden, was du gerade brauchst. Basierend auf einer Einteilung der Psychologin Dr. Ulrike Bossmann möchte ich dir nun einige Beispiele dazu nennen, damit du den Sinn hinter deinen »negativen« Gefühlen leichter verstehst:

Worauf es dich hinweist	Wozu es dich motiviert
WUT/ÄRGER	
Du oder jemand anderer wurde unfair behandelt oder du empfindest eine Situation als ungerecht. Deine persönlichen Grenzen wurden überschritten oder nicht respektiert. Du fühlst dich in deiner Freiheit eingeschränkt.	Wut setzt Kraft und Energie in dir frei. Sie kann dir den Anstoß geben zu handeln, auf Probleme aufmerksam zu machen und dich zu wehren. Beispielsweise wurde mein Auto einmal unrechtmäßig abgeschleppt. Da hat mir meine Wut darüber geholfen, es wieder zu beschaffen, ohne einen Cent dafür zu bezahlten.
ANGST	
Du bist in Gefahr. Deine physische oder emotionale Sicherheit ist bedroht. Beispiele sind: Angst vor einem laut bellenden Hund oder davor, abgelehnt zu werden. Eine Situation ist unvorhersehbar, wie etwa eine Prüfungssituation oder eine Rede vor Publikum. Du bist gerade dabei, deine Komfortzone zu verlassen und hast eine Wachstumschance, zum Beispiel bei für dich neuen Aufgaben.	Angst schützt dich vor potenziellen Gefahren und unterstützt dich dabei, kluge Entscheidungen zu treffen. Sie treibt dich dazu an, Vorsichtsmaßnahmen zu treffen, Risiken zu vermeiden oder geeignete Schritte zu unternehmen, um dich sicherer oder besser vorbereitet zu fühlen, zum Beispiel, indem du ausreichend für eine Prüfung lernst, dein Haus absperrst oder zur Vorsorgeuntersuchung gehst.

TRAURIGKEIT

Du erlebst einen Verlust, sei es der Verlust eines geliebten Menschen, einer Beziehung, eines Arbeitsplatzes, eines Haustiers oder eines wichtigen Lebensziels.

Du fühlst dich einsam oder isoliert und hast das Bedürfnis nach sozialer Unterstützung und Nähe.

Deine Leistungen werden nicht angemessen gewürdigt oder deine Gefühle nicht ernst genommen.

Traurigkeit ist ein soziales Gefühl, das dich dazu motiviert, Unterstützung und Trost zu suchen, dich selbst zu pflegen und Selbstreflexion zu betreiben. Das Gefühl zeigt dir, dass es wichtig ist, dir Zeit zu nehmen, um deinen Verlust zu verarbeiten und unterstützt dich dabei, deine Werte und Prioritäten zu hinterfragen. Der Tod eines nahestehenden Menschen erinnert dich zum Beispiel daran, dass das Leben begrenzt ist und mehr von dem zu tun, was dir wirklich Freude bereitet.

Worauf es dich hinweist	Wozu es dich motiviert
SCHAM	
Du hast das Gefühl, deinen eigenen oder den gesellschaftlichen Standards nicht zu entsprechen. Beispiele: Weinen oder Pupsen in der Öffentlichkeit Dein Bedürfnis nach Anerkennung und Zugehörigkeit ist gefährdet, etwa durch Versagen oder dem Bekanntwerden deiner Schwächen. Du befürchtest, dass andere dich ablehnen oder kritisieren könnten, wenn beispielsweise intime Geheimnisse öffentlich werden. Du hast das Gefühl, dich nicht so zeigen zu können, wie du wirklich bist, zum Beispiel, wenn du für eine deiner Interessen ausgelacht wirst.	Scham ist ein äußerst unangenehmes Gefühl, spielt aber eine wichtige Rolle in unserem sozialen Zusammenleben. Sie stellt sicher, dass du in der Gemeinschaft akzeptiert wirst. Scham kann dich dazu antreiben, dein Verhalten oder deine Erscheinung zu ändern, um den sozialen Erwartungen besser zu entsprechen und andere nicht vor den Kopf zu stoßen. Sie schützt auch deine Intimität, indem sie dich zum Beispiel davon abhält, nackt auf die Straße zu laufen. Vorsicht: Übermäßige Scham kann dazu führen, dass du dich für vermeintliche Fehler abwertest und das Gefühl hast, falsch zu sein. Dann nimmt sie dir die Lebensfreude.
SCHULD	
Du hast einen Fehler gemacht, rechtliche Regeln gebrochen oder hast gegen deine eigenen Prinzipien verstoßen, zum Beispiel du hast etwas gestohlen, ein Versprechen gebrochen oder jemanden angelogen.	Schuld ist extrem wichtig für deine sozialen Beziehungen. Sie trägt dazu bei, verletzte Beziehungen wiederherzustellen oder zu reparieren. Schuld kann dich dazu motivieren, dich bei den betroffenen Personen

Du hast dein Handeln oder deine Emotionen nicht im Griff, du hast vielleicht jemanden angeschrien, dein Geld verschwenderisch ausgegeben oder jede Menge Süßigkeiten beim abendlichen Fernsehen verputzt.

Deine Handlungen stehen mit deinen moralischen Überzeugungen im Konflikt, deine moralische Integrität ist verletzt.

zu entschuldigen, die Verantwortung für dein Handeln zu übernehmen, deine Verhaltensweisen zu ändern und an deinen moralischen Werten festzuhalten. Sie kann auch als eine Art innerer Antrieb dienen, um dich zu einem besseren Verhalten in der Zukunft zu bewegen. Schuldgefühle unterstützen dich dabei, genau der Mensch zu werden, der du gerne sein möchtest.

NEID

Du vergleichst dich mit anderen und willst etwas, was jemand anderer hat, etwa weil jemand anderer mehr Anerkennung bekommt als du.

Du spürst eine Mischung aus Bewunderung für das, was die andere Person hat, und Unzufriedenheit mit deiner eigenen Situation.

Du strebst nach Erfolg und andere erreichen mehr als du.

Dein Bedürfnis nach Gerechtigkeit ist verletzt, wenn andere unverdientermaßen mehr bekommen als du.

Neid motiviert dich, dich auf deine unerfüllten Bedürfnisse zu konzentrieren. Er kann ein Ansporn sein, dich mehr anzustrengen, um deine eigenen Ziele zu erreichen und persönlich zu wachsen. Neid bewegt auch dazu, die eignen Werte und Prioritäten zu hinterfragen. Je mehr du dein Leben nach deinen eigenen Vorstellungen gestaltest und dich auf deine eigenen Ziele und Werte konzentrierst, desto weniger neidisch bist du in der Regel auf das, was andere haben oder erreichen.

Worauf es dich hinweist	Wozu es dich motiviert
EIFERSUCHT	
Du hast Angst, jemanden oder etwas, das dir wichtig ist, an eine andere Person zu verlieren. Dein Bedürfnis nach Sicherheit, Vertrauen und emotionaler Bindung in einer zwischenmenschlichen Beziehung ist verletzt oder gefährdet. Du fühlst dich nicht wertvoll genug, um die Liebe und Aufmerksamkeit des Partners/der Partnerin zu verdienen.	Eifersucht zeigt dir, dass dir etwas Bestehendes in deinem Leben sehr wichtig ist, zum Beispiel deine Partnerschaft. Sie motiviert dich dazu, die Bedrohung für die Beziehung oder das Bedürfnis nach Sicherheit zu mindern, etwa indem du eine klärende Kommunikation suchst. Eifersucht kann dich dazu anspornen, dich selbst zu reflektieren und dein eigenes Selbstbewusstsein zu stärken.
ENTTÄUSCHUNG	
Deine Erwartungen an eine bestimmte Situation oder Person wurden nicht erfüllt. Dein Bedürfnis nach Verlässlichkeit ist verletzt. Dein Vertrauen wurde missbraucht oder Zusagen nicht eingehalten. Du hast das Gefühl, deine Bemühungen oder Leistungen werden nicht ausreichend anerkannt oder gewürdigt. Dir war etwas wichtig, es ist aber nicht entsprechend eingetreten.	Enttäuschung motiviert dich dazu, zukünftig stärker für die Dinge einzutreten, die dir wichtig sind, zum Beispiel indem du deine Bedürfnisse klarer kommunizierst. Sie regt an, deine Erwartungen zu überdenken und gegebenenfalls anzupassen, zum Beispiel unrealistische Erwartungen als Illusion aufzudecken. In dem Wort Ent-Täuschung steckt das Ende einer Täuschung. Sie gibt dir die Möglichkeit, die Wahrheit zu erkennen.

EKEL	
Dein Bedürfnis nach körperlicher Gesundheit oder Reinheit ist verletzt, zum Beispiel, wenn du ein schimmliges Lebensmittel im Kühlschrank findest oder verschmutzte öffentliche Toiletten berührst. Deine moralische Integrität ist verletzt, zum Beispiel, wenn du Ekel einer anderen Person gegenüber empfindest, die lügt und betrügt oder andere beleidigt.	Ekel hat eine schützende Funktion, indem er uns davor warnt, möglicherweise schädliche oder infektiöse Substanzen zu berühren oder zu konsumieren. Er sorgt dafür, dass wir uns reinigen, indem wir erbrechen, wenn wir etwas Verdorbenes gegessen haben oder uns gründlich die Hände waschen. Ekel motiviert dich auch dazu, dich moralisch von Personen zu distanzieren und klarzustellen, dass du zum Beispiel rassistische Kommentare nicht akzeptierst.

Es geht also darum, dass du deine »negativen« Gefühle nicht einfach wegschiebst, sondern lernst, sie zumindest für ein paar Sekunden bewusst da sein zu lassen, auch wenn es sich unangenehm anfühlen mag. Nur wenn du das Gefühl tatsächlich spürst, hast du eine Chance, die Information zu erkennen, die dahintersteckt und bewusst damit umzugehen.

MERKE DIR:

»Negative« Gefühle sind natürliche Warnsignale, die uns auf Probleme hinweisen und uns dazu auffordern, unsere Bedürfnisse zu erkennen und angemessen darauf zu reagieren. Du willst deine »negativen« Gefühle also nicht weniger stark spüren, sondern im Gegenteil sie bewusster wahrnehmen, um ihre Botschaft zu verstehen.

REFLEXION:
ANALYSIERE DEINEN UMGANG MIT »NEGATIVEN« GEFÜHLEN

Ich lade dich nun ein, deinen bisherigen Umgang mit »negativen« Gefühlen zu reflektieren und daraus konkrete Handlungsideen für die Zukunft abzuleiten.

- Wie reagierst du normalerweise auf »negative« Gefühle? Unterdrückst du sie oder nimmst du sie bewusst wahr?
- Bei welchen Gefühlen und Situationen tendierst du am ehesten dazu sie zu vermeiden?
- Welche Vorteile ergeben sich für dich daraus?
- Welchen Preis zahlst du dafür?
- Welche Schritte kannst du unternehmen, um bewusster mit deinen »negativen« Gefühlen umzugehen und sie als Instrumente zur Veränderung zu nutzen?

ACHTUNG GRÜBELFALLE

»Katharina, was denn nun? Soll ich meine ›negativen‹ Gefühle minimieren und regulieren oder soll ich all meine Gefühle ganz bewusst wahrnehmen?« Diese Frage hat mir vor Kurzem eine Followerin auf Instagram gestellt und vielleicht hast du gerade ähnliche Gedanken. Die Antwort lautet: Beides. In dem Moment, wo das Gefühl auftaucht, macht es Sinn, bewusst hinzuspüren: Was will mir das Gefühl gerade sagen? Welches Bedürfnis ist womöglich verletzt? Angenommen, du fährst auf der Autobahn und jemand schneidet knapp vor dir auf deine Fahrspur. Dann fühlst du dich womöglich wütend, weil dein Bedürfnis nach Sicherheit verletzt wurde. Das gibt dir einen Erkenntnisgewinn.

Du verstehst, dass deine Wut in diesem Moment eine natürliche Reaktion auf die wahrgenommene Gefahr ist. Du schreist vielleicht kurz verärgert »Blödmann, kannst du nicht aufpassen?«, und nach wenigen Minuten ist das Gefühl auch schon wieder verflogen. Was aber keinen Sinn macht, ist dieses Wutgefühl noch den restlichen Tag aufrechtzuerhalten, obwohl die Situation auf der Autobahn längst vergangen ist.

In diesem Fall steckst du in einer sogenannten »Grübelspirale« fest. Ein Gedanke führt zum nächsten und facht dein Gefühl von Ärger immer wieder neu an: »Ich kann einfach nicht glauben, wie egoistisch einige Leute im Verkehr sind. Es ist so frustrierend, dass ich ständig auf solche Fahrer treffe. Wieso passiert das immer mir? Die Menschen heutzutage sind wirklich respektlos. Ich frage mich, ob ich zu nachsichtig bin. Sollte ich aggressiver fahren, um mich zu verteidigen?« Und so weiter. Diese Gedanken sorgen dafür, dass du dich den ganzen Tag über einen verhältnismäßig kleinen Vorfall aufregen kannst. Du drehst dich in deinem Kopf im Kreis, was für dein Wohlbefinden hinderlich ist.

Deshalb ist der erste und wichtigste Schritt, dass du überhaupt bemerkst, dass du gerade in einer Spirale von wenig hilfreichen Überlegungen gefangen bist. Ein Mittel, um das zu üben, ist der »Zwei-Minuten-Test«. Die Idee hinter dieser Technik ist, dass du dir eine kurze Zeitspanne nimmst, um deine Gedanken zu überprüfen und zu entscheiden, ob es sinnvoll ist, weiter darüber nachzudenken oder nicht.

So funktioniert's:

1. Wenn du dich in einer Grübelspirale befindest oder immer wieder über dasselbe Thema nachdenkst, setze dir eine Zeitbegrenzung von zwei Minuten.
2. Während dieser zwei Minuten erlaubst du dir, frei über das Thema nachzudenken und alle Gedanken und Sorgen auszudrücken, die dir in den Sinn kommen. Notiere sie gegebenenfalls auf einem Blatt Papier oder in einem Tagebuch.

3. Nach den zwei Minuten machst du eine bewusste Pause. Du stellst dir die Frage: »Habe ich in diesen zwei Minuten neue Erkenntnisse gewonnen oder Lösungen gefunden?«
4. Wenn du in den zwei Minuten keine neuen Erkenntnisse gewonnen oder keine Lösungen gefunden hast und stattdessen weiterhin in der gleichen Gedankenschleife gefangen bist, ist es Zeit, deine Gedanken bewusst zu stoppen.
5. Du lenkst deine Aufmerksamkeit bewusst auf etwas Positives, Produktives oder Entspannendes. Dies kann eine bewusste Atempause, eine kurze Meditation oder eine körperliche Aktivität sein. Wähle eine Tätigkeit, die dir Freude bereitet.

Der Zwei-Minuten-Test hilft dir dabei, Gedankenspiralen zu durchbrechen und verhindert, dass du zu viel Zeit und Energie in Gedanken investierst, die keine Lösungen oder Erkenntnisse bieten. Er ermöglicht dir, bewusst zu entscheiden, wann es an der Zeit ist, negative Gedanken loszulassen und dich auf konstruktive Aktivitäten oder unterstützende Gedanken zu konzentrieren, die dein Wohlbefinden fördern.

MERKE DIR:

Manche Gedanken verstärken unangenehme Gefühle länger als es notwendig wäre. Grübeln ist deshalb keine hilfreiche Strategie, um deine Gefühle zu regulieren. Das wahrzunehmen und zu merken, wenn ein Gedanke gerade nicht nützlich für dich ist, ist ein tolles Werkzeug, das du mit Hilfe des »Zwei-Minuten-Tests« üben kannst.

GEFÜHLE ERKENNEN UND BENENNEN

Eine sehr einfache, aber unglaublich effektive Methode, um deine »negativen« Gefühle zu regulieren, ist das schlichte Benennen deines Gefühls. Auf Englisch heißt diese Strategie »*name it to tame it*«, was übersetzt so viel bedeutet wie: »Benenne das Gefühl, um es zu zähmen.« Die neuesten Erkenntnisse aus der Neurowissenschaft zeigen, dass wir oft gar nicht so viel Aufwand betreiben müssen, um unsere Gefühle zu regulieren, wie wir vielleicht denken. Es ist ein weitverbreitetes Missverständnis, dass wir enorme Anstrengungen unternehmen müssen, um unsere »negativen« Gefühle zu bewältigen.

In den meisten Fällen ist es vor allem wichtig, dass du die Fähigkeit entwickelst, deine Gefühle zu erkennen und zu verstehen. Wenn du verstehst, was du fühlst und warum, kannst du dich besser in Bezug auf deine eigenen Gefühle einordnen. Das bedeutet, du kannst besser unterscheiden, was in deinem Inneren vor sich geht. Stell dir vor, du erlebst ein starkes Gefühl, wie zum Beispiel Wut. Wenn du diese Wut nicht verstehst oder nicht benennen kannst, kann sie dich überwältigen. »Voll in dem Gefühl drin zu sein«, bedeutet, dass du dich von deinen Gefühlen überwältigen lässt, ohne zu verstehen, warum sie auftreten. In dieser Situation kann es sein, dass du impulsiv handelst und Dinge sagst oder tust, die du später bereust.

Wenn du jedoch in der Lage bist, deine Wut zu erkennen und sie zu benennen – indem du dir selbst sagst: »Ich fühle mich gerade wütend« –, gewinnst du sofort Abstand zu deinem Gefühl und ein Prozess der Selbstreflexion beginnt. Du hinterfragst, warum du wütend bist und was dieses Gefühl ausgelöst hat. Dies ermöglicht es dir, die Kontrolle über deine Reaktionen zurückzugewinnen und bewusster zu handeln. Du bist nicht mehr überwältigt von deinen Gefühlen, sondern verstehst, warum sie auftreten. Zum Beispiel könntest du feststellen: »Aha, ich bin gerade wütend, weil ich meine Freundin um etwas gebeten habe, was mir wichtig war und sie es nicht erledigt hat.«

Jetzt hast du die Chance zu erkennen, dass hinter diesem Gefühl ein verletztes Bedürfnis steckt, wie zum Beispiel Verlässlichkeit. Das hilft dir im nächsten Schritt zu schauen, was du tun kannst, um dieses Bedürfnis zu befriedigen, etwa indem du ein Gespräch mit deiner Freundin suchst, zukünftig klarer kommunizierst oder konkrete Vereinbarungen triffst. All das ist aber nur möglich, wenn du dein Gefühl benennen kannst. Deshalb ist *name it to tame it* – Benenne es, um es zu zähmen – für mich eine der wichtigsten und grundlegendsten Strategien, um »negative« Gefühle zu regulieren.

MERKE DIR:

Die Fähigkeit, deine Gefühle zu benennen, ist eine kraftvolle Strategie, weil sie dir ermöglicht, einen Schritt zurückzutreten, dich selbst zu analysieren und bewusste Entscheidungen über deine Reaktionen zu treffen. Sie verhindert, dass du in einer emotionalen Spirale stecken bleibst, in der du dich hilflos fühlst. Stattdessen gibst du dir selbst die Möglichkeit, deine Gefühle zu verstehen und sie produktiv zu nutzen.

ÜBUNG: BENENNE DEINE GEFÜHLE

Wenn du bemerkst, dass in dir ein Gefühl aufsteigt, kannst du üben das Gefühl zu benennen, indem du (dir selbst) sagst:

1. »Ich fühle gerade ...« Oder: »Ich bin ...« (Hier drückst du dein aktuelles Gefühl aus, sei es Wut, Ärger, Frustration, Enttäuschung, Hilflosigkeit, Überforderung, Abscheu ...)
2. » ... weil ...« (Hier gibst du dir eine Erklärung für dieses Gefühl. Das könnte bedeuten, dass du reflektierst, welches Bedürfnis möglicherweise verletzt wurde oder was du erhofft hattest, das nicht eingetreten ist.)

Beispiele:

»Ich bin gerade traurig, weil unser Familienurlaub zu Ende geht und wir wieder in den Alltag zurückkehren.«

»Aha, ich mache mir Sorgen, weil das Vorstellungsgespräch für mich von großer Bedeutung ist und ich nicht sicher bin, ob ich alle wichtigen Fragen gut beantwortet und einen guten Eindruck hinterlassen habe.«

Durch diese Methode kannst du deine Gefühle bewusst erkennen und verstehen, indem du sie in Worte fasst und gleichzeitig die zugrunde liegenden Gründe oder Bedürfnisse identifizierst. Dies ermöglicht es dir, ein immer besseres Verständnis für deine eigenen emotionalen Reaktionen zu gewinnen.

Wie du deinen »negativen« Gefühlen zukünftig mit noch mehr Akzeptanz begegnen kannst, erfährst du im Kapitel *Selbstmitgefühl statt Selbstkritik*. Doch zuvor widmen wir uns nun wieder den guten Gefühlen und erkunden, wie du deine Stärken für ein erfüllendes Leben am besten einsetzen kannst.

E

ENGAGEMENT

Zweite
Glückssäule

SETZE DEINE STÄRKEN EIN

*»Das Glück ist schon da. Es ist in uns.
Wir haben es nur vergessen und müssen
uns lediglich wieder daran erinnern.«*

Sokrates

Stell dir vor, du befindest dich auf einem Segelboot, das »Lebensreise« heißt. Deine Mission ist es, die weiten Gewässer des Lebens zu erforschen und deine Ziele zu erreichen. Allerdings gibt es ein Problem, das dich auf deiner Reise herausfordert – ein großes Leck im Rumpf des Bootes. Doch anstatt dich von diesem Leck entmutigen zu lassen, entscheidest du dich, es zu reparieren. Du kannst es vielleicht nicht vollständig schließen, aber du machst sicher, dass das Boot nicht sinken wird. Jetzt stehst du vor einer wichtigen Wahl. Du könntest einfach weiterhin das Leck flicken und in der sicheren Bucht bleiben, um dich vor möglichen Gefahren zu schützen. Aber du spürst in dir den Wunsch nach Abenteuern und bist bereit, ins Unbekannte aufzubrechen. Du hisst die Segel, und mit dem Wind, der sie füllt, beginnst du, dich vom Ufer zu entfernen. Das Leck im Rumpf ist immer noch da, aber du nutzt deine Stärken, um voranzukommen. Du lernst, wie du den Wind geschickt lenken und mit den Wellen tanzen kannst. Du stellst dich den Herausforderungen des Ozeans. Während du segelst, entdeckst du neue Orte, triffst inspirierende Menschen und sammelst unvergessliche Erfahrungen.

Die Segelboot-Metapher, die der amerikanische Psychologe Biswas-Diener entwickelt hat, erzähle ich in allen meinen Glücksworkshops, wenn wir beim Thema Stärken angelangt sind. Denn die Botschaft der Metapher ist klar: Im Leben geht es nicht nur darum, deine Schwächen zu überwinden, sondern vor allem darum, deine Stärken zu nutzen. Um nicht unterzugehen, musst du das Leck zwar stopfen, doch du wirst niemals vom Fleck kommen, wenn du immerzu mit dem Leck (deinen Schwächen) beschäftigt bist. »Volle Fahrt voraus« heißt es nur, wenn du die Segel setzt, also deine Stärken nutzt. Aus dieser Metapher ergeben sich jedes Mal spannende Diskussionen, denn in fast jedem Workshop ist jemand dabei, der folgende Meinung vertritt: »Aber mit einem Leck im Rumpf fahre ich auf keinen Fall raus aufs Meer.« Das bringt uns direkt zu der weitverbreiteten irrtümlichen Annahme, dass es für unser persönliches Wachstum mehr bringt, unsere Schwächen auszumerzen als auf unsere Stärken zu fokussieren. Das Gegenteil ist der Fall. Nur in deinen Stärken-Bereichen kannst du exzellent sein und dein volles Potenzial ausschöpfen, was dein Selbstwertgefühl stärkt. In den Bereichen, wo deine Schwächen liegen, erreichst du auch mit viel Anstrengung maximal Mittelmaß, was demotiviert. Das ist auch der Grund, warum Kinder in den Fächern Nachhilfe bekommen sollten, in denen sie ohne zu lernen gut sind, anstatt rein in den Fächern, in denen sie sich schwertun. Das bedeutet jedoch nicht, dass du deine Schwächen völlig ignorieren sollst. Es ist notwendig, grundlegende Fähigkeiten in schwächeren Bereichen zu entwickeln, um bestimmte Aufgaben zu bewältigen oder zum Beispiel in der Schule in die nächste Klasse aufzusteigen. Lege aber deine Priorität darauf, deine Stärken zu nutzen und zu stärken, da dies zu einer erfüllteren und erfolgreicheren Lebensreise führt.

Ich weiß, das ist leichter gesagt als getan, denn seine Stärken nutzen kann nur, wer seine Stärken kennt. »Wer kann mir auf Anhieb zehn seiner Stärken nennen?«, frage ich bei meinen Glücksworkshops regelmäßig in die Runde. Zaghaft heben sich ein bis zwei Hände, oft bleiben alle Hände unten. Selbst wenn ich auf fünf zu nennende Stärken reduziere, gesellen sich nur wenige weitere erhobene Hände dazu.

Wie steht es mit dir? Könntest du jetzt spontan fünf deiner Stärken aufschreiben? Probiere es gleich einmal aus, bevor du weiterliest.

1. ____________________
2. ____________________
3. ____________________
4. ____________________
5. ____________________

Wieso fällt es uns so schwer, unsere Stärken selbstbewusst zu nennen? Dafür gibt es verschiedene Gründe. Zwei von ihnen haben wir schon besprochen. Einer von ihnen ist die oben beschriebene irrtümliche Annahme, dass persönliches Wachstum eher durch das Ausmerzen der Schwächen als durch Stärkung der Stärken geschieht. Und im vorangegangenen Kapitel hast du bereits erfahren, dass unser Gehirn darauf trainiert ist, Negatives wahrzunehmen – den Fokus also auf Probleme, Fehler und Schwächen legt. Zusätzlich können uns soziale Normen erschweren, zu unseren Stärken zu stehen. Vielleicht kommen dir aus deinem Familiensystem folgende Sätze bekannt vor: »Bescheidenheit ist eine Tugend«, »Eigenlob stinkt« oder »Tugend ist still, Laster schreit«.

Oft behindert uns auch unsere eigene »Betriebsblindheit« dabei, unsere Stärken wahrzunehmen. Wenn dir etwas leichtfällt (du also deine Stärken einsetzt), nimmst du das vielleicht als selbstverständlich. Es kommt dir gar nicht in den Sinn, dass es für jemand anderen nicht so einfach sein könnte, wie für dich. Du siehst also, es gibt viele Stolperfallen bei der Stärkenfokussierung. Deswegen werden wir uns nun ansehen, wie du deine persönlichen Stärken herausfinden kannst.

MERKE DIR:

Den Fokus auf deine Stärken zu legen, macht dich glücklicher und lässt dich deine Ziele leichter erreichen, als wenn du dich auf das Ausmerzen deiner Schwächen fokussierst.

LERNE DEINE STÄRKEN KENNEN

Bevor ich dir verrate, wie du nun deine Stärken herausfindest, lass uns zuerst klären, was die Positive Psychologie unter dem Begriff »Stärken« versteht. Oft werden nämlich die Begriffe Talente, Kompetenzen und Stärken synonym verwendet. Tatsächlich unterscheiden sie sich aber voneinander:

- **Talente** sind Begabungen, die nicht erlernt, sondern von Natur aus in einer Person vorhanden sind. Beispiele für Talente sind eine schöne Singstimme, ein gutes Ballgefühl oder ein besonderes Sprachverständnis. Talente können auch »verschwendet« werden, wenn sie nicht genutzt werden.
- **Kompetenzen** beziehen sich auf erlernbare Qualifikationen, Fähigkeiten und Kenntnisse, die durch Training und Übung entwickelt werden können. Beispiele sind das Erlernen von Sprachen, Sportarten, Instrumenten oder Programmieren.
- **Charakterstärken** sind Stärken, die dich als Mensch ausmachen und für dein Aufblühen essenziell sind.

Talente und Kompetenzen sind wertvolle Formen von Stärken, in weiterer Folge werden wir uns aber vor allem mit den Charakterstärken beschäftigen.

Zwei Forscher der Positiven Psychologie, Martin Seligman und Christopher Peterson, haben sich gefragt: »Was macht einen guten Charakter aus und wie kann man ihn messen?« Sie haben 24 Charakterstärken identifiziert, die sie in sechs Tugenden beziehungsweise Stärkenfamilien (Weisheit/Wissen, Mut, Humanität, Gerechtigkeit, Mäßigung, Transzendenz) eingeteilt haben.*

---

*Neuere Forschungen von Robert Mc Rath sprechen für eine Aufteilung der Charakterstärken in die Faktoren (Offenheit, Verbundenheit und Selbstkontrolle). Aus Gründen der Einfachheit und Übersichtlichkeit wurde in diesem Buch die ursprüngliche Einteilung nach Tugenden vorgenommen.

Du kannst dir die Charakterstärken wie die Klaviatur des Guten im Menschen vorstellen. Sie sind wesentlich, wenn wir ein glückliches und erfülltes Leben führen wollen. Charakterstärken sind gelebte Werte, auf Englisch *Values in Action*, was übersetzt bedeutet »Werte in Aktion«. Das heißt, sie sind keine abstrakten Konzepte, sondern spiegeln sich in deinen Handlungen und Verhaltensweisen wider. Angenommen, du hast Freundlichkeit als eine deiner Top-Charakterstärken, bedeutet das, dass du dich tatsächlich freundlich gegenüber anderen verhältst und diese Stärke in deinen Handlungen zeigst, zum Beispiel anderen einen Gefallen tust, den Busfahrer freundlich grüßt, jemandem ein Lächeln schenkst, eine hilfsbedürftige Person unterstützt und so weiter.

Ich gebe dir auf den nächsten Seiten nun einen kurzen Überblick über die 24 Charakterstärken und lade dich dazu ein, selbst zu reflektieren und anzukreuzen, welche Stärken auf dich zutreffen. Welche davon könnten deine Top-Stärken sein, die du regelmäßig in deinem Verhalten zeigst und die dir besonders wichtig sind?

Stelle dir beim Ankreuzen deiner Stärken folgende Fragen:

- Fühlt sich die Stärke für mich natürlich an?
- Nutze ich die Stärke regelmäßig in verschiedenen Situationen?
- Bringt mir der Einsatz dieser Stärke Freude und Energie?
- Hat mir die Stärke zu Erfolgen verholfen?
- Habe ich die Stärke zur Bewältigung von schwierigen Zeiten eingesetzt?
- Wird mir die Stärke von anderen oft zugeschrieben?
- Wann bin ich so vertieft in eine Tätigkeit, dass die Zeit wie im Flug vergeht? Habe ich die Stärke dabei genutzt?

Indem du diese Aspekte berücksichtigst, kannst du ein klareres Bild deiner Top-Stärken gewinnen und besser verstehen, welche Charakterstärken für dich besonders wichtig und erfüllend sind.

WEISHEIT UND WISSEN

Diese Tugend/Stärkenfamilie beinhaltet kognitive Stärken, die wichtig sind, um dir Wissen anzueignen und es auch anzuwenden.

☐ **Kreativität:** Kreative Menschen entdecken und entwickeln innovative Ansätze, um Herausforderungen zu bewältigen. Sie sind erfinderisch, einfallsreich und schätzen Innovation, Originalität und das Lösen von Problemen durch unkonventionelles Denken. Diese kreative Intelligenz erstreckt sich oft auf verschiedene Lebensbereiche.

☐ **Neugier*:** Neugierige Menschen haben vielfältige Interessen und sind leidenschaftlich daran interessiert, neue Dinge zu erkunden und zu entdecken. Sie begegnen Unbekanntem mit Offenheit und haben ein ausgeprägtes Interesse an neuen Erfahrungen. Sie suchen aktiv nach Vielfalt und neuen Herausforderungen im Alltag.

☐ **Liebe zum Lernen:** Wissbegierige Menschen sind daran interessiert, Dinge zu lernen, die sie faszinieren und ihren Horizont zu erweitern. Sie hegen eine tiefe Neugier und streben danach, ihr Wissen über das Leben und die Welt zu vertiefen und neue Fähigkeiten zu erlernen. Ihre Begeisterung für das Lernen und die kontinuierliche Weiterentwicklung ist spürbar.

☐ **Urteilsvermögen:** Menschen mit dieser Eigenschaft bevorzugen kritisches Denken gegenüber vorschnellen Urteilen oder voreiligen Schlüssen. Ihr Denkprozess ist geprägt von Logik, der Betrachtung verschiedener Aspekte aus verschiedenen Blickwinkeln und einer sorgfältigen Abwägung von Informationen, um fundierte Meinungen und Entscheidungen zu bilden.

☐ **Weitsicht:** Weitsichtige Menschen zeichnen sich durch ihre klare Sicht und ihr tiefgründiges Verständnis aus. Sie verfügen über einen ganzheitlichen und tiefgreifenden Blick auf die Welt und eine reife Sicht auf das Leben. Das ermöglicht ihnen, wertvollen Rat zu erteilen, der gerne angenommen wird. Andere bezeichnen sie oft als weise.

MUT

Zu Stärkenfamilie »Mut« gehören emotionale Stärken, die dazu beitragen, dass du mit Willenskraft deine Ziele erreichst und auch Hindernisse überwindest, die sich dir in den Weg stellen.

☐ **Ehrlichkeit:** Ehrliche Menschen sind aufrichtig und authentisch gegenüber sich selbst und anderen. Sie halten ihre Versprechen und bleiben ihren Prinzipien treu. Sie handeln im Einklang mit ihren eigenen Gedanken, Gefühlen und Überzeugungen und streben nach Konsistenz in ihrem Verhalten.

☐ **Tapferkeit:** Tapfere Menschen verfolgen ihre Ziele unbeirrt und lassen sich nicht von Hindernissen entmutigen. Sie stellen sich Herausforderungen und Gefahren, selbst wenn sie Angst verspüren. Tapferkeit befähigt Menschen, sich unerschrocken Problemen zu stellen und ihre Ängste zu überwinden, wenn sie sich für Dinge einsetzen, die ihnen wichtig sind.

☐ **Tatendrang*:** Personen mit einem ausgeprägten Tatendrang strahlen vor Lebensenergie, Enthusiasmus und Freude und können sich für eine Vielzahl von Aktivitäten begeistern. Jeder neue Tag erfüllt sie mit Vorfreude. Sie gehen ihren Aufgaben nicht halbherzig nach, sondern setzen sich leidenschaftlich für Dinge ein, die für sie von Bedeutung sind.

☐ **Beharrlichkeit:** Beharrliche Menschen sind bestrebt, alles, was sie sich vorgenommen haben, abzuschließen. Sie sind entschlossen, geben nicht leicht auf, führen begonnene Aufgaben zu Ende und lassen sich selten ablenken. Sie sind ausdauernd, fleißig und zielstrebig, ohne jedoch unrealistische Ziele zwanghaft zu verfolgen.

HUMANITÄT

Zu dieser Stärkenfamilie gehören zwischenmenschliche Stärken, die dich dabei unterstützen, liebevolle und vertrauensvolle Begegnungen mit anderen Menschen (vorrangig in Zweier-Interaktionen) zu haben.

☐ **Freundlichkeit:** Freundliche Menschen zeichnen sich durch ihre Nettigkeit, Großzügigkeit und Hilfsbereitschaft aus. Sie empfinden Freude an guten Taten, haben Mitgefühl für andere, schätzen es, Freude in den Herzen anderer Menschen zu bereiten und zeigen eine wohlwollende Haltung gegenüber anderen.

☐ **Liebe*:** Liebevolle Menschen schätzen Beziehungen, die von Nähe, gegenseitiger Fürsorge, Unterstützung und Akzeptanz geprägt sind. Ihre stabile Bindungsfähigkeit ermöglicht es ihnen, ihre Liebe anderen zu zeigen und gleichzeitig die Liebe von anderen anzunehmen. Es bereitet ihnen Freude, enge Beziehungen und Freundschaften aufzubauen.

☐ **Soziale Intelligenz:** Menschen mit sozialer Intelligenz beziehungsweise einer hohen Empathiefähigkeit sind sensibel für die Gefühle anderer Menschen. Sie haben ein gutes Verständnis für ihre eigenen Motive und Bedürfnisse und erkennen die Unterschiede in den Stimmungen anderer Menschen, was es ihnen ermöglicht, sich an unterschiedliche soziale Situationen anzupassen.

GERECHTIGKEIT

Diese Stärkenfamilie umfasst Stärken der sozialen Verantwortung und des fairen Umgangs mit anderen. Im Vergleich zu den Stärken der Humanität betreffen sie die Beziehung zwischen einer Person und der Gruppe beziehungsweise Beziehungen innerhalb einer Gemeinschaft.

☐ **Fairness:** Faire Menschen haben ein starkes Empfinden für Gerechtigkeit und Gleichberechtigung. Es liegt ihnen am Herzen, anderen gegenüber nicht voreingenommen oder parteiisch zu sein. Sie versuchen, bei ihren Entscheidungen keine persönlichen Gefühle einzubeziehen und streben danach, allen Menschen eine gerechte Chance zu geben.

☐ **Führungsvermögen:** Menschen, die Führungsqualitäten besitzen, empfinden Freude daran, andere zu motivieren und zu inspirieren. Sie schätzen es, Gruppenaktivitäten zu organisieren und zu leiten, und ermutigen andere dazu, ihren Beitrag zu leisten. Sie übernehmen Verantwortung und berücksichtigen verschiedene Meinungen bei ihren Entscheidungen.

☐ **Teamfähigkeit:** Menschen mit Teamgeist zeichnen sich durch ihre Loyalität gegenüber ihrer Gruppe aus. Sie erbringen oft ihre besten Leistungen, wenn sie in einem Team arbeiten. Sie sind loyal und solidarisch, haben ein starkes Gemeinschaftsgefühl, engagieren sich gerne für ein gemeinsames Ziel und empfinden Freude dabei, zum Erfolg des Teams beizutragen.

MÄSSIGUNG

Die Stärken in dieser Gruppe unterstützen dich dabei, Exzessen entgegenzuwirken, sowie ein emotionales Gleichgewicht und eine gesunde Lebensweise zu wahren.

☐ **Vergebung:** Menschen mit Vergebungsbereitschaft sind versöhnlich, nicht nachtragend und akzeptieren die Fehltritte anderer. Sie hegen keinen Groll und gewähren denen, die einen Fehler begangen haben, eher eine zweite Chance. Rachegefühle sind ihnen fremd, und sie sind in der Lage, vergangene Konflikte ruhen zu lassen.

☐ **Bescheidenheit:** Bescheidene Menschen schätzen Demut und streben danach, sich nicht als überlegen oder außergewöhnlicher darzustellen, als sie tatsächlich sind. Sie stehen nicht so gerne im Mittelpunkt und lassen lieber ihre Taten und Erfolge für sich sprechen, anstatt damit zu prahlen. Sie bevorzugen es, anderen Raum zu geben.

☐ **Besonnenheit:** Besonnene Menschen sind umsichtig, rücksichtsvoll und schätzen kluges, bedachtes Handeln. Sie denken über potenzielle Konsequenzen nach, bevor sie handeln, und vermeiden unnötige Risiken und Aktivitäten, die sie später bereuen könnten. Sie planen langfristige Ziele sorgfältig, ohne sich kopflos in Abenteuer zu stürzen.

☐ **Selbstregulierung:** Menschen mit einer guten Selbstregulierung beherrschen und steuern ihre Emotionen, Impulse und Gelüste. Sie verfügen über starke Selbstdisziplin und bewahren Ruhe in stressigen Situationen. Sie sind in der Lage, langfristigen Erfolg über kurzfristige Befriedigung zu stellen und können ihre Gefühle und Handlungen gut kontrollieren.

TRANSZENDENZ

Diese Stärkenfamilie umfasst Stärken, die sich auf das Streben nach Bedeutung und Sinn beziehen. Sie helfen dir, über dich selbst hinauszugehen und ein Gefühl der Verbundenheit mit etwas Größerem zu erleben.

☐ **Sinn für das Schöne:** Menschen mit Sinn für das Schöne haben die Gabe, im Alltag schöne Aspekte zu entdecken, die von anderen übersehen oder nicht beachtet werden. Sie können Schönheit in verschiedenen Lebensbereichen wie Musik, Kunst, Natur, Sport und Wissenschaft bewusst wahrnehmen und sich darüber freuen.

☐ **Dankbarkeit*:** Dankbare Menschen erkennen die vielen positiven Dinge in ihrem Leben, schätzen diese und nehmen sie nicht als gegeben hin. Sie drücken ihre Dankbarkeit und Wertschätzung gerne gegenüber anderen Menschen aus und sind sich dessen bewusst, dass sie im Leben mit vielem gesegnet sind.

☐ **Hoffnung*:** Hoffnungsvolle Menschen blicken optimistisch in die Zukunft. Sie erwarten, dass positive Ereignisse eintreten werden, und suchen aktiv nach Wegen, um ihre Ziele zu erreichen. Selbst bei Rückschlägen, bleiben sie zuversichtlich gestimmt.

☐ **Humor:** Humorvolle Menschen lieben es zu lachen und auch andere Menschen zum Lachen zu bringen. Sie genießen Spiel, Spaß und Witz. Da sie die Dinge gerne mit einer Prise Humor nehmen, gelingt es ihnen, auch ernste oder schwierige Situationen aufzulockern und sie von einer leichteren Seite zu betrachten.

☐ **Spiritualität:** Spirituelle Menschen haben ein tiefes Empfinden von Bedeutung im Leben, unabhängig von religiösen Überzeugungen. Sie haben eine starke Verbindung zu einem höheren Sinn des Lebens oder einer universellen Wahrheit. Aus dieser inneren Überzeugung schöpfen sie Kraft und fühlen sich getröstet und gestärkt, besonders in schweren Zeiten.

Die fünf Stärken, die mit einem Stern gekennzeichnet sind, gehören zu den Schlüsselstärken für das Glück. Bei ihnen konnte in der empirischen Forschung der größte Zusammenhang zur Lebenszufriedenheit nachgewiesen werden.

Wahrscheinlich hast du dich beim Lesen bereits in der ein oder anderen Stärkenbeschreibung wiedergefunden und vielleicht auch schon deine wichtigsten Stärken identifizieren können. Wenn du dein persönliches Stärkenprofil ganz genau kennenlernen möchtest, dann empfehle ich dir den kostenlosen Online-Stärkenfragebogen *Values-In-Action Inventory of Strengths* (abgekürzt VIA-IS), der auf Deutsch zur Verfügung steht.*

Alle 24 Charakterstärken sind potenziell in dir angelegt. Jedes Stärkenprofil ist einzigartig und hat seine eigenen Vorzüge. Das Konzept der Charakterstärken kennt keine Schwächen, sondern nur schlummernde Stärken, die du noch selten oder bisher noch nicht bewusst genutzt hast. Diese schlummernden Stärken kannst du bei Bedarf »aufwecken«, wie ich dir später noch zeigen werde. Eine ausführliche Erklärung, wie du dein Stärkenprofil interpretieren kannst, wenn du das Ergebnis des Online-Stärkenfragebogens vor dir hast, findest du im Anhang.

---

*Rufe dazu die Website https://www.viacharacter.org/ auf und klicke oben rechts auf Take the free survey (auf Deutsch: »Nimm an der kostenlosen Umfrage teil«). Um den Fragebogen auszufüllen, registriere dich und wähle Deutsch als Sprache aus. Fülle den VIA-Fragebogen für Erwachsene (VIA Adult Survey) aus. Für das Ausfüllen des Fragebogens benötigst du circa 15 bis 20 Minuten. Abschließend wird dir deine Top-Stärke angezeigt und du kannst dir dein vollständiges Stärkenprofil anzeigen lassen. Klicke dazu auf Get your personalized results (»Erhalte deine persönlichen Ergebnisse«) und dann auf Free results – unlock this (»Kostenlose Ergebnisse entsperren«). Dein Stärkenprofil wird dir auf Deutsch angezeigt. Ich empfehle dir, es als PDF zu speichern. Scrolle dazu ganz nach unten und klicke auf Save as PDF.

ÜBUNG:
IDENTIFIZIERE DEINE SIGNATURSTÄRKEN

Nun lade ich dich zu einer Übung ein, mit der du deine Signaturstärken identifizieren kannst. Signaturstärken sind wie deine persönliche Unterschrift, du identifizierst dich ganz stark mit ihnen. Sie sind Teil deiner Identität und wesentlicher Bestandteil deines Selbstbildes. Deine Signaturstärken auszuleben, ist ein Selbstzweck. Du machst das nicht, um irgendetwas zu erreichen oder für jemand anderen, sondern einfach, weil es dir Freude bereitet. Deine Signaturstärken zu kennen und aktiv einzusetzen, bringt viele positive Effekte, dazu erzähle ich dir im nächsten Kapitel mehr.

Der Glücksforscher Ryan Niemiec empfiehlt folgende ganz einfache Möglichkeit, deine Signaturstärken herauszufinden: Wähle aus den 24 Charackterstärken fünf bis acht aus, die dich am besten beschreiben. Dann frage dich bei jeder Einzelnen: »Könnte ich ohne Zugriff auf diese Stärke ein halbes Jahr auskommen?« Spüre hin, wie sich das anfühlt. Für mich wäre es zum Beispiel eine schreckliche Vorstellung, die beiden Stärken »Liebe zum Lernen« und »Tatendrang« eine Zeit lang nicht nutzen zu können. Ohne meine Wissbegierde und meinen Enthusiasmus wäre ich nicht mehr ich. Wenn es sich anfühlt, als ob ein Teil von dir fehlen würde, dann hast du eine Signaturstärke von dir identifiziert. Falls du die Stärke hingegen nicht sonderlich vermissen würdest, dann ist es keine Signaturstärke.

Ob eine Stärke eine deiner Signaturstärken ist, erkennst du an folgenden Kriterien:

- Du identifizierst dich stark mit der Stärke: »Das bin ganz ich«, »Das gehört zu mir«.
- Es macht dir Spaß, die Stärke einzusetzen und du fühlst dich beim Einsatz der Stärke erfolgreich.

- Du hast Lust, die Stärke auf immer neue Weise einzusetzen.
- Der Einsatz der Stärke gibt dir Energie zurück, statt dir Mühe zu kosten. Wenn ich zum Beispiel einen Tag lang auf der Fachhochschule in einem Hörsaal vor Hunderten Studierenden enthusiastisch unterrichte, dann war das zwar ein voller Tag, aber danach bin ich richtig energetisiert. Durch den Einsatz meiner Signaturstärken »Liebe zum Lernen« und »Tatendrang« war ich dabei voll im Flow. Ich liebe es, Wissen auf eine kurzweilige Art und Weise weiterzugeben. Dabei fühle ich mich kompetent.

Weitere meiner Signaturstärken sind Neugier, Hoffnung und Liebe. Jetzt bist du dran: Finde mindestens drei deiner Signaturstärken und notiere sie dir hier.

1. ______________________________

2. ______________________________

3. ______________________________

4. ______________________________

MERKE DIR:

Das Konzept der 24 Charakterstärken basiert auf der Idee, dass es bestimmte positive Eigenschaften und Tugenden gibt, die das Gute im Menschen repräsentieren und dazu beitragen, ein erfülltes und sinnvolles Leben zu führen. Indem Menschen ihre individuellen Charakterstärken erkennen und in ihrem Leben anwenden, können sie ihr persönliches Wachstum, ihre Lebenszufriedenheit und ihr Glück fördern. Deine Signaturstärken sind dabei wie dein persönlicher Stärken-Fingerabdruck.

STÄRKEN STÄRKEN STÄRKT

Gratuliere, du hast deine persönlichen Charakterstärken kennengelernt! Nun sehen wir uns an, wie du sie für ein glückliches und erfülltes Leben nützen kannst. Allein deine Stärken zu kennen, reicht leider noch nicht. Um von ihren vielen positiven Effekten auf dein Leben zu profitieren, kommt es auf die bewusste und gezielte Nutzung deiner Stärken an. Du weißt bereits, dass du für dein Glück mehr positive als »negative« Gefühle brauchst. Und je bewusster du deine Stärken einsetzt, desto mehr positive Gefühle erlebst du ganz automatisch. Wenn du deine Stärken nützt, dann fallen dir Dinge leichter und du sparst Energie. Gerade, wenn du deine Signaturstärken einsetzt, kostet dich der Einsatz der Stärke nicht nur keine Energie, er gibt dir sogar Energie zurück. Ist das nicht genial? Beim Einsatz von Signaturstärken erlebst du häufiger sogenannte Flow-Momente. Das sind Momente, bei denen du ganz in deiner Tätigkeit aufgehst und Raum und Zeit vergisst. Du hast Freude an dem, was du tust, fühlst dich generell motivierter und lebendiger. Nicht verwunderlich, dass Menschen, die ihre Stärken kennen und bewusst einsetzen, ein geringeres Risiko für Erschöpfung, Burn-out, Motivationsverlust oder Depression haben.

Menschen, die ihre Stärken proaktiv nützen, erzielen auch bessere Leistungen und Ergebnisse bei ihren Tätigkeiten. Das macht sie wiederum stolz, was ihr Selbstwertgefühl steigert. Ein stärkeres Selbstwertgefühl, verbunden mit guten Gefühlen, unterstützt sie wiederum dabei, ihre Ziele leichter zu erreichen und besser mit Rückschlägen umzugehen. Schwupps sind wir schon wieder mittendrin im Ressourcen-Aufbau-Prozess, den du im Kapitel *Die Kraft positiver Gefühle* kennengelernt hast. Die Beschäftigung mit deinen Charakterstärken führt außerdem dazu, dass du die Stärken von anderen Menschen leichter erkennst, wodurch du besser mit ihnen kooperieren und Win-win-Situationen schaffen kannst. Das stärkt wiederum deine Beziehungen, sowohl im Berufs- als auch im Privatleben. Wenn du in einer Partnerschaft bist, empfehle ich dir, dass ihr beide den Stärkentest macht, weil es euer gegenseitiges Verständnis füreinander stärkt. Und was ich besonders schön finde: Menschen, die eine Charakterstärke nützen, strahlen etwas Charismatisches aus. Der Einsatz von Charakterstärken löst keinen Neid bei anderen aus, sondern ganz im Gegenteil ein erhebendes Gefühl, Anerkennung oder Bewunderung, da Charakterstärken als positive Eigenschaften angesehen werden, die geschätzt werden. Wenn jemand seine Charakterstärken nutzt, um etwas Positives zu erreichen oder anderen zu helfen, wird dies in der Regel als lobenswert und inspirierend betrachtet. Ich persönlich finde es einfach großartig, Menschen in ihren Stärken zu erleben.

Du siehst also, die proaktive Nutzung deiner Stärken macht sich auf vielerlei Weise bezahlt. Was kannst du jetzt konkret tun, wenn du von all diesen positiven Effekten profitieren möchtest?

SCHRITT 1: WISSE, WELCHE STÄRKEN DICH AUSMACHEN

Welche Stärken du besitzt, weißt du bereits durch das Identifizieren deiner Top-Stärken beziehungsweise deiner Signaturstärken. Das ist die Voraussetzung, um sie zukünftig bewusst einzusetzen.

Notiere dir hier noch mal die fünf Stärken, die du am häufigsten einsetzt und die dir am wichtigsten sind, um sie dir auf einen Blick zu vergegenwärtigen:

1. ______________________________
2. ______________________________
3. ______________________________
4. ______________________________
5. ______________________________

SCHRITT 2: MACHE DIR DEINE STÄRKEN IM ALLTAG BEWUSST

Da du nun deine Stärken kennst, ist es an der Zeit, nicht mehr im Autopilotinnen-Modus durch den Alltag zu gehen, sondern bewusst die Stärkenbrille aufzusetzen. Du machst das Gleiche wie sonst auch an deinem Tag – mit dem einzigen Unterschied, dass du benennst, welche Stärken du gerade eingesetzt hast. Lass mich dir dazu ein Beispiel geben, um das zu verdeutlichen. Angenommen, dein Tagesablauf sieht wie folgt aus:

- Um 7 Uhr aufstehen und ins Büro fahren
- Vormittags einen Report mit Verkaufszahlen fertigstellen
- Lunch-Date mit einer Freundin in einem Lokal um die Ecke
- Nachmittags Teambesprechung
- Abends Spaziergang im Park

Lass uns nun mit einem Stärkenfokus auf deinen Tag schauen:

Tagesablauf	Stärkenfokus
Um 7 Uhr aufstehen und ins Büro fahren	Du warst schon vor dem Weckerklingeln wach und bist mit einem enthusiastischen Gefühl aufgestanden. Voller **Tatendrang** startest du in den Tag.
Vormittags einen Report mit Verkaufszahlen fertigstellen	Während du an dem Report arbeitest, zeigt sich deine **Beharrlichkeit**, indem du konzentriert und fokussiert bleibst, um die Aufgabe erfolgreich abzuschließen. Diesmal erstellst du eine Präsentation mit grafischen Symbolen, welche die Zahlen auf den ersten Blick noch verständlicher macht. Dabei hat dich deine **Kreativität** unterstützt.
Lunch-Date mit einer Freundin in einem Lokal um die Ecke	Deiner Freundin geht es gerade nicht so gut und du hast dir Zeit für sie genommen. Während des Treffens zeigst du deine **Liebe**, indem du deiner Freundin aufmerksam zuhörst und für sie da bist. Deine **soziale Intelligenz** hilft dir dabei, die Bedürfnisse und Emotionen deiner Freundin besser zu verstehen und einfühlsam zu reagieren.
Nachmittags Teambesprechung	Du nutzt deine **Teamfähigkeit**, um effektiv mit deinen KollegInnen zusammenzuarbeiten, Ideen auszutauschen und gemeinsam Lösungen zu erarbeiten.
Abends Spaziergang im Park	Während des Spaziergangs im Park nützt du deinen **Sinn für das Schöne**, um die Natur um dich herum bewusst wahrzunehmen, tief durchzuatmen und den gegenwärtigen Moment zu genießen. Deine Fähigkeit zur **Selbstregulation** hilft dir, Stress abzubauen und Ruhe zu finden.

Alleine die Stärken zu benennen, die du bereits täglich in Alltagssituationen einsetzt, macht einen riesigen Unterschied für dein Wohlbefinden und steigert die Anzahl an positiven Gefühlen, die du täglich erlebst. Du lernst dich dadurch immer besser kennen.

Diese Übung lässt sich auch wunderbar mit dem positiven Tagesrückblick aus dem vorigen Kapitel kombinieren, indem du dich fragst: »Was war heute schön? Welche Stärke habe ich bei diesem Glücksmoment eingesetzt?« Oder: beim Selbstwirksamkeits-Teil »Welche meiner Stärken hat mir ermöglicht, das Schöne wahrzunehmen?« Je öfter du dir bewusst machst, welche Stärken du im Alltag nützt, desto kompetenter und selbstwirksamer fühlst du dich. Das wiederum lässt dich Stolz fühlen. Stolz ist so ein schönes Gefühl. Du kannst es dir vorstellen wie Wertschätzung nach innen, die du dir selbst gibst.

MERKE DIR:

Deine Stärken bewusst und gezielt einzusetzen, wirkt sich förderlich auf dein Wohlbefinden und deine Zufriedenheit aus, weil du dadurch mehr positive Gefühle erlebst. Einen positiven Unterschied macht allein das bewusste Benennen und Bemerken deiner Stärken, die du aktuell schon einsetzt. Wo setzt du deine Stärken bereits im Beruf, in deiner Freizeit und deinen Beziehungen ein, sodass sie dich dabei unterstützen, gute Gefühle zu erleben oder wichtige Ziele zu erreichen? Beantworte dir diese Frage regelmäßig.

REFLEXION: ÜBERLEGE, WIE DU BEREITS DEINE STÄRKEN NÜTZT

Jetzt bist du dran. Ich lade dich ein, schriftlich zu reflektieren, wie und wo du deine Stärken momentan schon einsetzt. Dazu eignen sich die sogenannten Enthusiasmus-Fragen sehr gut. Du fragst dich, was dich in der Vergangenheit beflügelt hat, sowie heute und in Zukunft begeistert. Dadurch kannst du leicht auf deine eingesetzten Stärken schließen.

Vergangenheit:

- Was ist dir in der Vergangenheit gut gelungen?
- Was hast du früher gerne gemacht?
- Worauf bist du stolz?

Notiere dir, welche Charakterstärken du in deinen Antworten erkennst.

Gegenwart:

- Was findest du spannend?
- Wofür setzt du dich ein?
- Was gibt dir Energie?

Notiere dir, welche Charakterstärken du in deinen Antworten erkennst.

Zukunft:

- Worauf freust du dich in den kommenden Wochen und Monaten?
- Welche Zukunftspläne begeistern dich?
- Welche neuen Herausforderungen oder Projekte möchtest du in nächster Zeit angehen?

Notiere dir, welche Charakterstärken du in deinen Antworten erkennst.

SCHRITT 3: SETZE DEINE STÄRKEN AUF NEUARTIGE WEISE EIN

Im nächsten Schritt beginne nun damit, deine fünf Top-Stärken beziehunsgweise Signaturstärken, die du bei Schritt 1 zusammengefasst hast, auf neuartige Weise einzusetzen. Das bedeutet, du nützt deine Stärken anders als bisher, wodurch ein breiterer und intensiverer Stärkeneinsatz möglich wird. Es geht darum, deine Top-Stärken beziehunsweise Signaturstärken noch öfter zu nutzen, als du es bisher getan hast. Das erweitert deine Fähigkeiten und Kompetenzen, indem du neue Wege zur Anwendung deiner Stärken entdeckst. Dieser kreative Ansatz steigert deine Selbstwirksamkeit und dein Selbstvertrauen, da du Erfolg in ungewohnten Kontexten erlebst.

Ein neuartiger Stärkeneinsatz gelingt dir auf verschiedenen Wegen:

1. Neuartiger Stärkeneinsatz gegenüber anderen oder dir selbst

Häufig kommt es vor, dass wir unsere Stärken eher für andere einsetzen als für uns selbst. Mein Coachee Tobias etwa hatte **Vergebungsbereitschaft** unter seinen Signaturstärken. Er war Führungskraft in einem Unternehmen und hatte eine wertschätzende Fehlerkultur gegenüber seinen Mitarbeitenden etabliert. Nur sich selbst gegenüber war er unerbittlich, hart und kritisch. Im Coaching legten wir nun den Fokus darauf, wie er seine Stärke *Vergebungsbereitschaft* vermehrt für sich selbst nutzen konnte. Durch die bewusste Anwendung seiner Vergebungsbereitschaft für sich selbst erlebte Tobias nicht nur eine tiefere innere Zufriedenheit, sondern auch eine verbesserte Fähigkeit, mit eigenen Fehlern und Herausforderungen konstruktiver umzugehen.

Natasha hatte **soziale Intelligenz** als eine ihrer Signaturstärken identifiziert und arbeitete als Sozialarbeiterin in einer

Gemeindeorganisation. In ihrem Beruf nutzte sie ihre Empathie täglich, um Menschen in schwierigen Lebenssituationen zu unterstützen. Sie engagierte sich leidenschaftlich für ihre Arbeit und half vielen, jedoch bemerkte sie im Laufe der Zeit, dass sie oft ihre eigenen Bedürfnisse und Gefühle vernachlässigte. Während unseres Glückscoachingprozesses ermutigte ich Natasha, ihre **soziale Intelligenz** auch verstärkt für sich selbst einzusetzen. Im Coaching erkannte Natasha, dass sie sich oft zu sehr auf die Bedürfnisse anderer konzentrierte und ihre eigenen Gefühle in den Hintergrund stellte. Sie begann, ihre **soziale Intelligenz** bewusster auf ihre eigenen Gefühle und Bedürfnisse anzuwenden. Dies führte dazu, dass sie achtsamer mit sich selbst wurde und bessere Selbstfürsorge praktizierte.

2. Neuartiger Stärkeneinsatz in einem anderen Lebensbereich

Vielleicht nutzt du in deinem Job schon deine Stärken, aber in deinem Privatbereich noch nicht oder umgekehrt? Da lohnt es sich hinzuschauen: Sophie beispielsweise hatte **Beharrlichkeit** als eine ihrer Signaturstärken erkannt und arbeitete als Projektleiterin in einem technologieorientierten Unternehmen. In ihrem Beruf war sie dafür bekannt, sehr entschlossen und fokussiert zu sein, um Projektziele zu erreichen. Sie konnte Hindernisse überwinden und sich durchsetzen, wenn es um berufliche Herausforderungen ging. Während des Coachingprozesses begann Sophie zu erkennen, dass ihre **Beharrlichkeit** nicht nur in der Arbeit, sondern auch in ihrem persönlichen Leben einen positiven Einfluss haben könnte. Sie hatte schon lange den Wunsch, ihre körperliche Gesundheit zu verbessern und regelmäßig Sport zu treiben, aber sie hatte nie die **Beharrlichkeit** angewandt, die sie im Beruf zeigte. Sophie setzte sich nun im Coaching entschlossen das Ziel, dreimal pro Woche Sport zu treiben. Sie erstellte einen klaren Plan und hielt sich daran, auch wenn es manchmal herausfordernd war. Ihre

Beharrlichkeit half ihr, Hindernisse zu überwinden, wie beispielsweise Zeitmangel oder mangelnde Motivation. In kurzer Zeit begann sie, positive Veränderungen in ihrer körperlichen Gesundheit zu erleben.

Hier habe ich noch mehrere Beispiele für dich, wie du deine Stärken in einem anderen Lebensbereich nützen kannst:

- Deine Stärke **soziale Intelligenz,** die du im Beruf einsetzt, kann dir auch helfen, besser mit deinem Partner/deiner Partnerin oder deinen Kindern zu kommunizieren, um Missverständnisse zu minimieren.
- Deine **Teamfähigkeit**, die im Beruf gefragt ist, kann dir zum Beispiel dabei helfen, gemeinsam mit deiner Familie Konflikte zu lösen und Entscheidungen zu treffen.
- **Kreativität**, die du in der Arbeit nutzt, um Probleme zu lösen, kann auch genutzt werden, um im privaten Bereich unterhaltsame Aktivitäten zu planen und neue Wege zu finden, um gemeinsam Zeit zu verbringen.
- Wenn du im Privatleben **Humor** nutzt, um positive Beziehungen zu pflegen, kannst du auch im Beruf Humor einsetzen, um das Arbeitsklima aufzulockern.
- Deinen **Sinn für das Schöne**, wenn du in der Natur unterwegs bist oder Kunstwerke bewunderst, kannst du im Beruf nutzen, indem du ästhetische und kreative Elemente in Präsentationen oder Projekte einbringst.
- Deine im privaten Leben praktizierte **Dankbarkeit**, kannst du in deinen beruflichen Alltag integrieren, indem du regelmäßig Anerkennung und Wertschätzung für die Leistungen deiner Kolleginnen ausdrückst.

3. Neuartiger Stärkeneinsatz bei einer anderen Tätigkeit

Manchmal können unsere Charakterstärken am besten zur Geltung kommen, wenn wir sie in neuen, ungewohnten Kontexten einsetzen. Das kann nicht nur dazu beitragen, unsere

Stärken weiterzuentwickeln, sondern auch unser Leben zu bereichern und neue Perspektiven zu eröffnen. Im Folgenden findest du eine Tabelle mit Ideen, wie du jede der 24 Charakterstärken auf neuartige Weise in verschiedenen Tätigkeiten nutzen kannst. Diese Anregungen sollen dir helfen, kreativ zu werden und deine Stärken in Bereichen einzusetzen, an die du bisher vielleicht nicht gedacht hast. Experimentiere mit diesen Ideen und entdecke, wie vielfältig und bereichernd der Einsatz deiner Stärken sein kann.

Stärke	Ideen für neuartigen Stärkeneinsatz
Kreativität	Dekoriere ein Zimmer neu, indem du Farben, Möbel und Dekorationen auf eine Weise kombinierst, die deinen persönlichen Stil widerspiegeln.
	Gestalte ein Fotoalbum oder schreibe ein Gedicht, um besondere Momente, Gefühle oder Erinnerungen festzuhalten.
	Finde innovative Wege, um Meetings spannender und produktiver zu gestalten, wie zum Beispiel durch interaktive Präsentationen.
Neugier	Mache mit deinen Kindern wissenschaftliche Experimente zu Hause, wie zum Beispiel Vulkanausbrüche mit Backpulver.
	Stelle bei Meetings oder Projekten Fragen, um neue Perspektiven zu gewinnen.
	Führe ein »Experiment der Woche« durch, bei dem du jede Woche etwas Neues ausprobierst, wie zum Beispiel eine neue Sportart, ein neues Gericht oder ein neues Hobby.

Liebe zum Lernen	Melde dich für einen Online-Kurs in einem völlig neuen Fachgebiet an, zum Beispiel Astronomie oder Genetik.
	Setze dir ein Ziel, jedes Jahr ein neues Handwerk oder eine neue Fähigkeit zu erlernen, zum Beispiel Tischlern oder Gärtnern.
	Teile neues Wissen und Erkenntnisse regelmäßig mit deinen Kolleginnen, zum Beispiel in Form von Kurzvorträgen.
Urteilsvermögen	Führe Familienbesprechungen ein, um gemeinsam Entscheidungen zu treffen und verschiedene Meinungen zu berücksichtigen.
	Hole regelmäßig Feedback von Kolleginnen ein, um verschiedene Sichtweisen zu verstehen und zu berücksichtigen.
	Führe eine tägliche Reflexion durch, bei der du deine Entscheidungen analysierst und darüber nachdenkst, was du daraus lernen kannst.
Weitsicht	Schreibe und teile Weisheiten oder Lebenslektionen in einem persönlichen Blog oder sozialen Medien, um anderen zu helfen, aus deinen Erfahrungen zu lernen.
	Führe Buch über wichtige Lebenslektionen und teile diese regelmäßig mit deinen Kindern oder Teammitgliedern, um kontinuierliches Lernen zu fördern.
	Erstelle ein Vision Board mit deiner Familie oder deinem Team, um gemeinsame Ziele und Träume zu visualisieren und zu besprechen.

Ehrlichkeit	Teile in einem vertrauenswürdigen Kreis offen deine Fehler und was du daraus gelernt hast.
	Im Job: Sei transparent über deine Arbeitsfortschritte und Herausforderungen gegenüber deinem Team.
	Führe ehrliche und offene Feedbackgespräche mit deinen Kolleginnen.
Tapferkeit	Setze dich aktiv für eine Sache ein, die dir am Herzen liegt, auch wenn sie kontrovers betrachtet wird.
	Überwinde eine persönliche Angst, indem du sie systematisch konfrontierst, wie etwa Klettern bei Höhenangst.
	Spreche schwierige Themen oder Konflikte am Arbeitsplatz oder in der Familie direkt und respektvoll an.
Tatendrang	Setze dir ein herausforderndes Fitnessziel, wie etwa einen Marathon oder einen Triathlon, und arbeite konsequent darauf hin.
	Starte ein eigenes Projekt oder ein kleines Unternehmen, um deine Ideen in die Tat umzusetzen.
	Setze mit der Familie kleine Projekte um, wie etwa das gemeinsame Renovieren eines Zimmers.

Beharrlichkeit	Beginne ein Hobby, wie zum Beispiel, das Erlernen eines Musikinstruments und bleibe trotz Rückschlägen dabei.
	Erstelle nach dem Aufstehen eine Liste mit drei Dingen, die du heute erledigen willst. Stelle sicher, dass du sie noch am selben Tag erledigst, selbst wenn du sie problemlos auf den nächsten Tag verschieben könntest.
	Setze dir Meilensteine und belohne dich für das Erreichen jedes einzelnen, um motiviert zu bleiben.
Freundlichkeit	Biete an, anderen bei ihren Projekten oder Herausforderungen zu helfen, ohne eine Gegenleistung zu erwarten.
	Gestalte liebevolle Gesten, wie zum Beispiel kleine Notizen in der Jausenbox deiner Kinder.
	Plane im Büro gemeinsame Mittagessen oder Kaffeepausen, um ein freundliches Arbeitsumfeld zu fördern.
Liebe	Verbringe bewusst Zeit mit Familienmitgliedern oder Freundinnen und höre aktiv zu.
	Zeige im Job Interesse an den persönlichen Geschichten und Erlebnissen deiner Kolleginnen.
	Mach jemandem ein ehrlich gemeintes Kompliment.

Soziale Intelligenz	Lerne die Grundlagen der Körpersprache und wende dieses Wissen an, um deine Kommunikation mit anderen zu verbessern.
	Achte auf die nonverbalen Signale deines Gegenübers und reagiere darauf.
	Gehe auf jemanden zu, der alleine ist/am Rande steht, und lade diesen Menschen in deine Gruppe ein.
Fairness	Achte darauf, dass alle Familien- beziehungsweise Teammitglieder bei Entscheidungen gehört werden und ihre Meinung zählt.
	Fördere Gerechtigkeit durch gerechte Aufteilung von Aufgaben und Verantwortlichkeiten in der Familie.
	Setze dich im Job für Gleichberechtigung und gerechte Behandlung aller Kolleginnen ein.
Führungsvermögen	Übernimm die Organisation von Familienausflügen, eines Treffens oder einer Feier.
	Sei ein Vorbild für deine Kinder, indem du verantwortungsbewusst Entscheidungen triffst und erklärst, wie du zu diesen gekommen bist.
	Übernimm im Job Projektmanagement-Aufgaben und koordiniere Teammitglieder, um Ziele zu erreichen.

Teamfähigkeit	Wenn du siehst, dass eine Kollegin überlastet ist, biete ihr deine Hilfe an und arbeite gemeinsam an der Aufgabe.
	Plane regelmäßige Familienputztage, bei denen jeder Bereich des Hauses gemeinsam gereinigt wird.
	Ermutige Kolleginnen oder Familienmitglieder, ihre Stärken und Talente in die Gruppe einzubringen und zu nutzen.
Vergebung	Zeige durch dein eigenes Verhalten, wie du Fehler akzeptierst und daraus lernst, anstatt nachtragend zu sein.
	Schaffe ein Arbeitsumfeld, in dem Fehler als Lernmöglichkeiten betrachtet werden und nicht als Gründe für Groll.
	Wenn jemand etwas tut, das du nicht verstehst, versuche seine positive Absicht hinter dem Verhalten zu erkennen.
Bescheidenheit	Sprich einen Tag lang nicht über dich selbst.
	Verzichte bewusst auf das Erwähnen deiner eigenen Erfolge in Gesprächen und frage stattdessen andere nach ihren Erfahrungen und Leistungen.
	Teile Wissen und Ressourcen, ohne Anerkennung oder Gegenleistung zu erwarten.

Besonnenheit	Frage dich bei einer Entscheidung, welche Konsequenzen sie haben könnte – in einem Tag, einem Monat, einem Jahr und entscheide dann erst.
	Vermeide es, impulsiv auf emotionale Situationen zu reagieren, sondern nimm dir Zeit für eine besonnene Antwort.
	Setze klare Grenzen und Prioritäten, um dich vor Überlastung zu schützen und deine Energie effizient zu nutzen.
Selbstregulierung	Stelle sicher, dass du regelmäßig Sport treibst, auch wenn du mal keine Lust hast, um deine langfristige Gesundheit zu fördern.
	Wenn du dich verärgert fühlst, zähle bewusst bis zehn, bevor du reagierst, um deine Emotionen zu kontrollieren und eine überstürzte Reaktion zu vermeiden.
	Vermeide es, bei ungesunden Gewohnheiten nachzugeben, indem du bewusst gesündere Alternativen wählst, auch wenn die Versuchung groß ist.
Sinn für das Schöne	Nimm dir Zeit, um die Schönheit der Natur zu genießen, indem du regelmäßig Spaziergänge im Park machst oder Wanderungen in der Umgebung unternimmst.
	Entdecke die Ästhetik in alltäglichen Gegenständen und Momenten, wie dem Muster von Regentropfen auf einem Fenster oder dem Farbenspiel des Sonnenuntergangs.
	Entwickle ansprechende Präsentationen oder Berichte, die nicht nur informativ, sondern auch visuell ansprechend sind.

Dankbarkeit	Führe regelmäßige Dankbarkeitsrunden in Teammeetings ein, bei denen jede Person etwas Positives aus der Woche teilen kann.
	Zeige deinem Partner oder deiner Partnerin regelmäßig deine Dankbarkeit für die kleinen Gesten des Alltags, wie das Zubereiten des Abendessens oder ein liebevolles Gespräch.
	Mach dir bewusst, wie privilegiert du bist, Zugang zu sauberem Wasser, Bildung oder Gesundheitsversorgung zu haben, und schätze diese Privilegien.
Hoffnung	Erstelle eine Visionstafel, auf der du deine Träume und Ziele visualisierst.
	Sprecht in der Familie regelmäßig über positive Zukunftsvisionen und was jeder dafür tun kann, um sie zu erreichen.
	Sei ein Vorbild für Hoffnung und Optimismus im Team, indem du positive Ergebnisse und Fortschritte anerkennst und feierst.
Humor	Finde humorvolle Möglichkeiten, um stressige Situationen zu entschärfen, etwa indem du eine unerwartete witzige Bemerkung machst, die Spannungen löst.
	Organisiere einen Spieleabend oder lustige Aktivitäten mit Freundinnen oder der Familie, um gemeinsam zu lachen und Spaß zu haben.
	Verbreite gute Laune im Büro durch humorvolle Notizen, Anekdoten oder kleine Scherze (ohne jemandem zu schaden).

Spiritualität	Übe Achtsamkeit in der Familie, indem ihr gemeinsam Meditationen oder stille Zeiten praktiziert.
	Finde in der Natur spirituelle Inspiration, indem du regelmäßig Spaziergänge machst und die Schönheit und Harmonie der Umgebung wahrnimmst.
	Integriere spirituelle Prinzipien wie Mitgefühl und Achtsamkeit in deine Arbeit, um eine positive und unterstützende Arbeitsumgebung zu fördern.

Du merkst, es gibt unzählige Wege, wie du deine Stärken auf kreative, neuartige Weise noch öfter einsetzen kannst. Je länger du dich damit beschäftigst, desto mehr Ideen werden dir einfallen. Sicherlich sind dir beim Lesen eigene Ideen gekommen, wie du eine bstimmte Stärke für dich oder andere noch einsetzen kannst.

ÜBUNG:
SETZE DEINE STÄRKEN AUF NEUE ART UND WEISE EIN

Fang damit an, deine Stärken jeden Tag noch öfter und in neuen Situationen auszuleben, um dir selbst und anderen eine Freude zu bereiten und die Welt zu einem schöneren Ort zu machen:

- Nimm dein Stärkenprofil zur Hand und überlege, welche der Stärken du vermehrt für andere nutzt. Nutze sie heute ganz bewusst für dich.
- Wähle eine deiner Top-Stärken aus, die du bereits regelmäßig im Beruf nutzt. Überlege dir, wie und wo du sie heute in deinem Privatleben einsetzen kannst.
- Wähle eine Stärke aus, auf die du besonderes Augenmerk legen willst und überlege dir, bei welchen Tätigkeiten du sie heute überall einsetzen möchtest.

Am besten reflektierst du danach am Abend, wie gut dein Vorhaben geklappt hat und welche (positiven) Effekte es hatte.

MERKE DIR:

Ein besonderer Mehrwert für dein Aufblühen entsteht, wenn du deine Top-Stärken beziehunsweise Signaturstärken auf neuartige Weise einsetzt. Das neuartige Einsetzen deiner Stärken fördert dein persönliches Wachstum. Du kannst damit beginnen, Stärken, die du bisher hauptsächlich für andere eingesetzt hast, nun auch für dich selbst zu nutzen. Oder du fängst damit an, deine Stärken in einem anderen Lebensbereich zu nutzen.

SCHRITT 4: NUTZE DEINE STÄRKEN IM RICHTIGEN MASS

Deine Stärken können dann am besten für dich arbeiten, wenn du sie im optimalen Maß einsetzt. Jede Stärke kann zu wenig gelebt oder aber überbeansprucht werden. Es gilt das »rechte Maß« für deinen Stärkeneinsatz zu finden. Lass mich dir dazu ein Beispiel geben: Eine meiner Signaturstärken ist **Liebe zum Lernen**. Wenn ich die Stärke optimal nütze, dann bin ich ganz in meinem Element und kann Wissen kurzweilig und enthusiastisch weitergeben. Wenn ich es aber übertreibe, die Stärke also zu stark nutze, dann wirke ich auf andere besserwisserisch. Übertriebene Charakterstärken wirken nicht mehr charismatisch. Du kannst dir das vorstellen, wie der Lautstärkenregler beim Radio. Wenn die Musik zu laut aufgedreht ist, dann tut es in den Ohren weh und klingt nicht mehr gut. Wenn du die Lautstärke drosselst, klingt dasselbe Lied wieder schön und harmonisch. Genauso ist es mit unseren Stärken. Manchmal ist es sinnvoll, diese ein wenig herunterzuregulieren. Beispiele dazu schauen wir uns gleich an. Und auf der anderen Seite lohnt es sich manchmal, Stärken »lauter aufzudrehen«.

Wie du schlummernde Stärken wecken kannst, erkläre ich dir dann im nächsten Schritt.

Florian kam zu mir ins Coaching, weil er beruflich endlich vorankommen wollte. Er arbeitete viel mehr und gewissenhafter als seine Kolleginnen, aber trotzdem blieb die Beförderung aus. Im Stärkentest zeigte sich **Bescheidenheit** als eine von Florians Signaturstärken. Im Coachingprozess erkannte Florian, dass er in seinen beruflichen Interaktionen oft zu zurückhaltend war und seine eigenen Erfolge und Fähigkeiten nicht angemessen hervorhob. Er setzte seine Stärke **Bescheidenheit** im beruflichen Kontext zu übertrieben ein. Das führte dazu, dass er in Meetings oder Verhandlungen oft übersehen wurde und seine Ideen nicht die Anerkennung erhielten, die sie verdienten. Wir haben uns also überlegt, wie ein optimaler Einsatz von **Bescheidenheit** für Florian im Job aussehen könnte. Er begann, seine Erfolge und Beiträge auf angemessene Weise zu kommunizieren, ohne dabei arrogant oder überheblich zu wirken. Im Coaching erarbeiteten wir, wie er in beruflichen Situationen klare und überzeugende Argumente vorbringen konnte, ohne seine **Bescheidenheit** zu verlieren. Das half ihm dabei, berufliche Anerkennung zu erhalten und sich souveräner und durchsetzungsstärker in beruflichen Herausforderungen zu behaupten.

In der folgenden Tabelle findest du zwei weitere Beispiele für den optimalen Stärkeneinsatz.*

Tapferkeit

Stärke noch nicht gelebt	Stärke optimal genutzt	Stärke zu viel eingesetzt
feige, passiv, mutlos, unsicher	entschlossen, mutig, standhaft, risikobewusst	tollkühn, risikofreudig, übermütig, unvorsichtig

Fairness

Stärke noch nicht gelebt	Stärke optimal genutzt	Stärke zu viel eingesetzt
ungerecht, voreingenommen, parteiisch	objektiv, gerecht, gleichbehandelnd	überkritisch, abgehoben, unnötig hart, streng und penibel

* Die vollständige Tabelle mit dem optimalen Stärkeneinsatz für alle 24 Charakterstärken kannst du dir auf meiner Website kostenlos herunterladen. https://glueckskompetenz.at/buch-fuenf-schritte-bonusmaterial/

MERKE DIR:

Dich auf deine Top-Stärken zu fokussieren und sie noch häufiger und auf neuartige Weisen zu nutzen, ist wunderbar. Gleichzeitig kann es auch ein »zu viel« an Stärkeneinsatz geben. Ein »mehr« beim Stärkeneinsatz bedeutet nicht automatisch »besser«, denn wenn Stärken übertrieben werden, kann sich ihre Wirkung qualitativ auch zum Negativen ändern. Optimal für dein Aufblühen ist es, wenn du deine Stärken in einem ausgewogenen Maß nutzt. Also weder zu viel noch zu wenig. Du kannst dir jede Stärke wie einen Lautstärkenregler vorstellen, den du hin- und herschieben kannst.

REFLEXION:
ÜBERPRÜFE DEINEN OPTIMALEN STÄRKENEINSATZ

Ich lade dich nun ein, für dich zu reflektieren, ob und in welchen Situationen du deine Stärken womöglich zu viel einsetzt:

- Welche deiner Stärken übertreibst du manchmal? Wo würdest du den Lautenstärkenregler gerne etwas herunterdrehen?
- In welcher Situation fällt dir auf, dass du diese Stärke in einem übermäßigen Maße zum Ausdruck bringst?
- Was würde es bedeuten, die Stärke in dieser Situation in einem optimalen Maß zu nutzen, also weder zu viel noch zu wenig?

SCHRITT 5: WECKE SCHLAFENDE STÄRKEN

Wenn du deine Top-Stärken und Signaturstärken bereits regelmäßig und in hohem Maße im Alltag einsetzt, kann es passieren, dass du in die Stärken-Übertreibung rutschst, die wir uns im letzten Abschnitt angesehen haben. In diesem Fall lohnt es sich für dich, deine am wenigsten ausgeprägten Stärken anzuschauen, diese »aufzuwecken« und in dein Leben zu integrieren.

Achtung: Beginne zuerst damit, dich auf deine Top-Stärken zu fokussieren und sie bewusster, häufiger und auf neuartige Weise einzusetzen (Schritt 1 bis 3), bevor du schlummernde Stärken weckst. Manche meiner Coachees wollen am liebsten sofort als Allererstes ihre schlafenden Stärken wecken, nachdem sie ihre Stärken identifiziert haben. Für dein Wohlbefinden hat es aber zunächst einen größeren positiven Effekt, dich anfangs auf deine Signaturstärken zu konzentrieren – vor allem dann, wenn du dich zum allerersten Mal intensiver mit deinen Stärken auseinandersetzt.

Widmen wir uns anschließend dem Aufwecken deiner schlummernden Stärken. Eine zu geringe Ausprägung einer Stärke kann genauso ein Problem sein, wie der übertriebene Einsatz einer Stärke. Angenommen, die Stärke **Hoffnung** befindet sich bei dir im Dornröschenschlaf, dann neigst du vermutlich dazu, immer das Schlechteste zu erwarten, anstatt das Positive zu sehen. Dieser anhaltende Pessimismus kann deine Lebensqualität erheblich beeinträchtigen. Fehlende **Hoffnung** kann auch zu einem Mangel an Motivation führen, da du möglicherweise nicht glaubst, dass deine Bemühungen zu positiven Ergebnissen führen werden. Dies kann deine berufliche und persönliche Entwicklung behindern. Oder durch die schlafende Stärke **Liebe**, könntest du Schwierigkeiten haben, enge und gesunde Beziehungen aufzubauen und zu pflegen, da die Fähigkeit zur Empathie, Fürsorge und Unterstützung eingeschränkt ist. Das Fehlen von **Liebe** kann auch dazu führen, dass du dich isoliert und einsam fühlst.

Um eine bei dir schlafende Stärke aufzuwecken, überlegst du dir am besten kleine tägliche Rituale, mit denen du deine gewünschte Stärke fördern kannst. Lass uns das an den oben genannten Beispielen ansehen:

Kleine Rituale, um die Stärke **Hoffnung** aufzuwecken, könnten sein:

- Einen positiven Tagesrückblick machen (siehe Seite 43). Damit schließt du deine Tage mit einem guten Gefühl ab und stärkst deine Selbstwirksamkeit.
- Fünf Minuten täglich deine gewünschte Zukunft visualisieren. Stell dir vor, wie du deine Ziele erreichst und positive Veränderungen in deinem Leben siehst.
- Jeden Morgen oder vor dem Schlafengehen kannst du einen bestärkenden Satz wiederholen, der sich für dich gut anfühlt. Zum Beispiel könntest du dir sagen: »Ich glaube an die Möglichkeiten des neuen Tages und die Chancen, die er bringt.«

Kleine Rituale, um die Stärke **Liebe** aufzuwecken, könnten sein:

- Biete täglich einer Person in deinem Leben eine kleine Geste der Zuneigung an, wie etwa ein herzliches Lächeln, eine Umarmung oder ein Einfaches »Ich hab dich lieb«.
- Gönne dir täglich 15 Minuten, in denen du nur das tust, was dir gerade guttut, sei es ein Powernap, ein heißes Bad oder Musik hören. Das stärkt deine Selbstliebe.
- Schreibe täglich einer Person in deinem Leben, was du an ihr schätzt, egal ob per Whatsapp-Nachricht, Post-it, E-Mail oder Brief.

Neben dem Entwickeln von neuen Gewohnheiten, um schlafende Stärken zu wecken, gibt es auch noch die Strategie des »Huckepacknehmens«, die ich sehr sympathisch finde. Das Konzept des Huckepacknehmens von Charakterstärken bezieht sich auf die Idee, dass manche Charakterstärken eng miteinander verbunden sind und sich gegenseitig verstärken können. Wenn du eine bestimmte Stärke bewusst entwickeln möchtest, kannst du dies oft effektiver tun, indem du sie in Verbindung mit einer bereits gut entwickelten Stärke einsetzt, die sie unterstützt. Das heißt, du wählst eine deiner Signaturstärken beziehungsweise Top-Stärken aus, die die schlafende Stärke huckepack nimmt. Um die Stärke **Hoffnung** zu entwickeln und Synergien zu nutzen, könnte sie von verschiedenen anderen Charakterstärken huckepack genommen werden. Hier sind einige Beispiele dazu:

- Deine Stärke **Selbstregulation**, mit der du Gefühle und Handlungen kontrollierst, kann dazu beitragen, deine negativen Gedanken in Schach zu halten und deine Hoffnung aufrechtzuerhalten, selbst in schwierigen Zeiten.
- Deine Stärke **Dankbarkeit** kann dir helfen, eine positive Erwartungshaltung und Zuversicht zu kultivieren.
- Deine Stärke **Kreativität** ermöglicht es dir, neue Wege und Lösungen zu finden, um Herausforderungen zu bewältigen und die Hoffnung auf Veränderung und Wachstum zu fördern.

Ich liebe die Strategie des Huckepacknehmens von Stärken. Sie fühlt sich leicht an und macht Spaß, weil du auf bereits richtig gut entwickelte Stärken von dir zurückgreifst.

Falls es mehrere Stärken gibt, die du gerne aufwecken möchtest, starte zunächst nur mit einer. Wenn es dir gelungen ist, sie häufiger in deinem täglichen Verhalten zu zeigen, dann erst nimm dir die nächste zu weckende Stärke vor.

MERKE DIR:

Schlafende Stärken können deine Lebensqualität beeinträchtigen oder dich dabei behindern, deine Ziele zu erreichen. Gerade wenn du deine Top-Stärken und Signaturstärken schon sehr bewusst und häufig einsetzt, lohnt es sich, eine schlafende Stärke zu wecken, indem du kleine, die Stärke fördernde Rituale in dein Leben integrierst. Die Strategie des Huckepacknehmens ist sinnvoll, wenn du eine bestimmte Stärke gezielt entwickeln möchtest und dabei die Synergie zwischen verschiedenen Stärken nutzen möchtest, um effizienter Fortschritte zu erzielen.

REFLEXION: WECKE EINE SCHLUMMERNDE STÄRKE

Ich lade dich nun ein, zu reflektieren, bei welcher Stärke es sich lohnen würde, sie sanft aus dem Dornröschenschlaf zu wecken.

- Welche Stärke möchtest du aktivieren, da sie derzeit ungenutzt ist beziehungsweise schlummert? Wähle eine Stärke aus, die einen sehr positiven Einfluss auf dein Leben haben könnte.
- In welcher Situation fällt dir auf, dass diese Stärke aktuell bei dir noch schlummert?
- Was würde es bedeuten, die Stärke in dieser Situation in einem optimalen Maß zu nutzen, also weder zu viel noch zu wenig?
- Welche drei Ideen fallen dir für kleine tägliche Rituale ein, mit denen du deine schlummernde Stärke aufwecken könntest? Wähle deine Lieblingsidee aus und setze sie im Alltag um.
- Welche deiner Signaturstärken könnte die Stärke, die du aktivieren möchtest, huckepack nehmen?

R

RELATIONSHIPS

Dritte Glückssäule

FÜHRE GELINGENDE BEZIEHUNGEN

»Glück entsteht oft durch Aufmerksamkeit in kleinen Dingen, Unglück oft durch Vernachlässigung kleiner Dinge.«

Wilhelm Busch

Stell dir vor, das Leben ist wie ein kunstvoll gewebter Teppich, angefertigt aus den Fäden unserer Erfahrungen, Herausforderungen und stark geprägt durch unsere Beziehungen. Jeder Faden repräsentiert eine Verbindung, sei es zu Freundinnen oder Freunden, Familienmitgliedern oder einem Lebenspartner beziehungsweise einer Lebenspartnerin. Und so wie ein gut gewebter Teppich Wärme und Geborgenheit spendet, verleihen auch gelingende Beziehungen unserem Lebensgewebe eine einzigartige Qualität des Glücks. In diesem Kapitel wollen wir uns damit beschäftigen, wie zwischenmenschliche Beziehungen gut gelingen können. Warum? Weil sie das Herzstück unseres Glücks bilden.

Gute Beziehungen sind die Grundpfeiler, auf denen unser emotionales Wohlbefinden ruht. Vielleicht kennst du das Gefühl, wenn du nach einem anstrengenden Tag nach Hause kommst und jemand dich mit einem Lächeln empfängt. Oder die Freude, die sich breitmacht, wenn du eine bedeutungsvolle Unterhaltung mit einer Freundin führst, die genau versteht, was in dir vorgeht. Diese Momente sind wie kleine Glanzlichter in unserem Alltag, und sie zeigen uns, dass gelingende Beziehungen weit über oberflächliche soziale Interaktionen hinausgehen. Auf den nächsten Seiten wollen wir gemeinsam erkunden, wie du deine Beziehungen positiv gestalten kannst. Und dabei beginnen wir mit der allerwichtigsten Beziehung in deinem Leben – der Beziehung zu dir selbst.

WERDE DIR SELBST DIE BESTE FREUNDIN

Es gibt nur einen Menschen, der bis an dein Lebensende immer bei dir ist, und zwar der, den du täglich im Spiegel siehst. Die Beziehung zu uns selbst ist die längste und intensivste in unserem Leben. Die Art und Weise, wie du (in deinen Gedanken) mit dir selbst sprichst und dich bewertest, hat ganz viel damit zu tun, wie du dich verhältst und wie wohl du dich fühlst. Als ich das zum ersten Mal richtig verinnerlicht habe, hat es bei mir »klick« gemacht. Mir ist schlagartig bewusst geworden, wie viel Energie ich in meinem Leben schon verschwendet habe, weil ich gegen mich selbst gekämpft habe. Wie viel leichter ist das Leben, wenn wir mit uns selbst freundlich sind und uns so akzeptieren, wie wir sind – mit allen Stärken und auch Schwächen? Doch genau diese Aufgabe stellt uns vor eine der größten Herausforderungen in unserem Leben. Oft behandeln wir uns nämlich selbst viel härter und kritischer, als wir anderen begegnen würden. Stell dir vor, eine deiner Freundinnen ist verzweifelt und mutlos. Was tust du? Du wirst versuchen, sie wieder aufzurichten, ihre Stärken hervorheben, ihr gut zureden, liebevoll, wohlwollend und freundlich mit ihr sprechen. Doch wie behandelst du dich selbst, wenn du mal einen Fehler machst? Verurteilst du dich selbst und kritisierst dich? Oder begegnest du dir selbst empathisch und mitfühlend? Ich nehme an, du würdest niemals auf die Idee kommen, eine liebe Freundin, die gerade eine Präsentation vergeigt hat, runterzumachen und sie eine »Verliererin« zu nennen. Dir wäre sonnenklar, dass sie wahrscheinlich nicht mehr lange deine Freundin wäre, wenn du dich ihr gegenüber so verhalten würdest. Du wüsstest, dass ihr deine kritischen Worte – in ihrer sowieso schon vulnerablen Situation – mehr schaden als nützen würden.

In meinem Coachingalltag lerne ich so viele Menschen kennen, die anderen gegenüber extrem freundlich, vergebungsbereit und liebevoll sind, mit Ausnahme einer Person – sich selbst. Sie sind sich selbst gegenüber unbarmherzig, kritisch, unnachgiebig und streng.

Nehmen wir zum Beispiel Isabella, herzliche Mama von zwei Kindern und als Lehrerin beruflich sehr engagiert. Sie kam zu mir ins Coaching, weil sie unabhängiger von der Bestätigung anderer werden wollte, und zufriedener mit sich selbst. Wir fanden heraus, dass in ihr eine ganze Litanei an innerer Selbstkritik loslief, sobald sie auch nur den kleinsten Fehler machte. Sie zerfleischte sich praktisch bei jedem kleinen Fehltritt selbst und verglich sich ständig nur nach oben: »Wieso schaffen das alle anderen und ich nicht?«, »Das hätte ich besser machen können«, »Ich habe mich nicht genug angestrengt«. Und so weiter. Schnell kritisierte sie nicht mehr nur einzelne ihrer Verhaltensweisen, sondern wertete sich als ganze Person ab: »Ich bin einfach komplett unfähig und bekomme nichts auf die Reihe.« Und von diesem Punkt aus wurde bei Isabella manchmal ein richtiger Dominoeffekt losgelöst. Eines ihrer Elterngespräche in der Schule lief nicht wie geplant und schon fand sie auch ihren Körper zu dick, ihre Ehe nicht mehr das Wahre und gefiel sich auch in ihrer Mamarolle nicht mehr. Das Fazit ihres inneren Selbstgesprächs war regelmäßig: »Ich bin eine totale Versagerin.«

Kommen dir solche oder ähnliche inneren Dialoge bekannt vor? Solche gedanklichen Negativ-Spiralen, bei denen wir uns selbst eine Grube graben, sind menschlich. Auch mir passiert es manchmal, dass ich in einen Strudel aus Selbstzweifel abrutsche. Mittlerweile weiß ich sehr gut, wie ich mich daraus wieder befreien und mir selbst wie einer Freundin begegnen kann. Dieses Wissen möchte ich nun mit dir teilen und dir zeigen, wie du deine Selbstwertschätzung verbessern und diese unglaublich harte, unerbittliche, kritische Stimme in dir leiser werden lassen kannst.

MERKE DIR:

Der erste Schritt, deine beste Freundin zu werden, ist, dir bewusst zu machen, wie du selbst mit dir umgehst, indem du deine inneren Selbstgespräche beobachtest. Genauso wie du deine Freundschaften pflegst, damit sie stärker werden, braucht auch die Freundschaft zu dir selbst Zeit, um zu wachsen und zu reifen.

WIE ÜBERMÄSSIGE SELBSTKRITIK ENTSTEHT

Zunächst schauen wir uns einmal an, woher übermäßige innere Selbstkritik kommt. Wenn du dazu neigst, dich häufig selbst zu kritisieren, liegen die Wurzeln dazu meist in deiner Kindheit. Forschungsergebnisse zeigen, dass im Alter die Tendenz zur Selbstkritik umso stärker ist, je mehr du als Kind kritisiert wurdest. Wenn du als kleines Kind für nahezu jede Handlung getadelt wurdest und diese Rügen vielleicht auch noch mit abfälligen Bemerkungen verbunden waren, wie etwa »Du bist dumm«, kann es dazu führen, dass du dich selbst im Laufe der Zeit als nicht in Ordnung betrachtest. Die ständige Kritik führt zu dem Glauben: »Ich muss besser werden. Erst wenn ich perfekt bin, bin ich liebenswert.« Um den verletzenden Urteilen deiner Bezugspersonen zu entkommen, entwickelst du sogenannte Schutzstrategien. Eine dieser Strategien besteht darin, ihre Kritik vorwegzunehmen, indem du dich selbst kritisierst. Damit hoffst du, dein Verhalten rechtzeitig zu korrigieren, um so ihre Ablehnung zu vermeiden. Mit der Zeit internalisierst du die Kritik deiner Eltern. Ein einfaches Missgeschick genügt, um von deiner inneren Stimme mit harten Worten wie »Trottel« oder »Nichtsnutz« für dein unbeholfenes Verhalten kritisiert zu werden. Es sind natürlich nicht nur die Eltern, die mit ihrem Verhalten dazu beitragen können, dass wir später hart mit uns selbst ins Gericht gehen, sondern auch andere Personen in unserem Umfeld, wie Geschwister, Lehrerinnen, Sporttrainerinnen und Verwandte.

Des Weiteren wird unsere innere kritische Stimme auch von sozialen Werten beeinflusst. Wir leben in einer Leistungsgesellschaft. Anerkennung erhalten diejenigen, die sich von der Masse abheben. Unsere Kultur belohnt diejenigen, die über dem Durchschnitt stehen, idealerweise an der Spitze. Das Dilemma besteht darin, dass wir nicht alle gleichzeitig über dem Durchschnitt stehen können, und je höher du aufsteigst, desto begehrter werden auch die Plätze. Um unseren Erfolg zu bewerten, vergleichen wir uns mit unseren Mitmenschen. Das schürt Konkurrenzdenken und Neid. Wir messen uns an gesellschaftlichen Erfolgsstandards, sei es am materiellen Erfolg oder an der körperlichen Attraktivität. Je besser wir darin abschneiden, desto zufriedener dürfen wir mit uns selbst sein. Das Problem dabei ist, dass wir bei dieser Leistungsschau immer unzufrieden bleiben werden. Es wird nämlich immer Menschen geben, die erfolgreicher, attraktiver, intelligenter, talentierter oder interessanter sind als wir. Egal wie sehr du dich also anstrengst, es gibt theoretisch immer noch Luft nach oben. Es gibt immer noch etwas, das wir an uns optimieren können. Erinnere dich an den Anfang dieses Buches, als wir bereits im ersten Kapitel festgestellt haben, dass es bei einem glücklichen und erfüllten Leben nicht um Selbstoptimierung geht. Statt dich selbst zu optimieren, darfst du immer mehr die authentischste Version von dir selbst werden. Ein Teil davon ist auch, selbstbewusst zu deinen Fehlern und Schwächen zu stehen.

Vielleicht spürst du nach den letzten Absätzen eine gewisse Skepsis in dir und denkst womöglich so etwas Ähnliches wie: »Okay, vielleicht können Erfahrungen in der Kindheit tatsächlich zu übermäßiger Selbstkritik und Minderwertigkeitsgefühlen führen. Aber hat die Möglichkeit der Verbesserung nicht auch positive Aspekte? Motiviert sie uns nicht zur persönlichen Weiterentwicklung?« Isabella dachte übrigens auch in diese

Richtung, sie war überzeugt, dass sie durch ihre harten inneren Worte motiviert wurde. Wenn sie stattdessen nachgiebig und verzeihend mit sich selbst wäre, würde sie nicht vorankommen und sich nicht weiterentwickeln.

Die Antwort ist sowohl ja als auch nein. Selbstkritik kann tatsächlich bis zu einem gewissen Grad motivierend wirken. Allerdings entspringt diese Motivation oft dem Schmerz. Wie bereits besprochen, geht Selbstkritik häufig mit negativen Urteilen und Abwertungen einher. Stellen wir uns vor, du bist sehr selbstkritisch und möchtest deine beruflichen Fähigkeiten verbessern. Nach einer Präsentation im Team erhältst du konstruktives Feedback von Kolleginnen, aber du neigst dazu, dich selbst mit harten Worten zu kritisieren. Du denkst vielleicht: »Ich bin in diesem Job wirklich nicht gut genug. Warum mache ich immer wieder solche Fehler?« Diese selbstkritischen Gedanken könnten dich dazu motivieren, intensiver an deinen Fähigkeiten zu arbeiten. Du könntest zusätzliche Schulungen absolvieren, mehr Zeit in Vorbereitungen investieren und aktiv an deiner Präsentationstechnik arbeiten, um die von dir wahrgenommenen Mängel zu überwinden. In diesem Sinne kann Selbstkritik dich durchaus zu Verbesserungen motivieren, aber nur, weil du dich vor ihrem schmerzhaften Urteil fürchtest. Das heißt, Angst ist hier der Motivator und Angst hat zahlreiche Nebenwirkungen. Eine sehr bekannte »Nebenwirkung« ist zum Beispiel die Prokrastination, also das Aufschieben von Dingen. Um die gefürchtete Selbstkritik zu umgehen, vermeidest du einfach die anstehende Aufgabe. Doch je länger du prokrastinierst, desto länger schwebt die bevorstehende Selbstkritik wie ein Damoklesschwert über dir. Selbstkritik ist also nicht zielführend.

Wichtig: Zwischen übermäßiger Selbstkritik und Selbstreflexionsfähigkeit gibt es einen Unterschied. Es geht nicht darum, dich selbst zu belügen oder dir etwas schönzureden, sondern darum, ein realistisches Selbstbild von dir zu entwickeln, ohne dich selbst fertigzumachen. Das kann gelingen, indem du dir zum Beispiel sagst: »Ja, das ist ordentlich schiefgegangen und jetzt schaue ich mir an, woran das lag und wie ich es nächstes Mal besser machen kann.« Weitere konstruktive Alternativen zu übermäßiger Selbstkritik möchte ich dir im nächsten Abschnitt zeigen.

MERKE DIR:

Übermäßige Selbstkritik ist eine Folge frühkindlicher Erfahrungen, gepaart mit einem hohen sozialen Leistungsdruck. Du beginnst hart mit dir ins Gericht zu gehen, um den Abwertungen deines Umfelds zu entgehen. Selbstkritik kann ein Stück weit motivieren, aber der Preis dafür ist hoch. Die Nachteile der Selbstkritik überwiegen deutlich gegenüber den Vorteilen.

SELBSTMITGEFÜHL STATT SELBSTKRITIK

»Reiß dich zusammen«, »Was dich nicht umbringt, macht dich stärker«, »Beiß die Zähne zusammen«. Wenn wir solche Sätze von klein auf zu hören bekommen, dann glauben wir, dass wir nur durch innere Härte im Leben bestehen können. Wir wollen stark bleiben, wenn wir körperlich oder emotional verletzt wurden. Was wir in diesen Momenten aber tatsächlich brauchen, ist Selbstmitgefühl. Selbstmitgefühl beginnt mit einer Geste der Achtsamkeit. Das bedeutet, du gestehst dir ein, dass du ein Problem hast oder unter etwas leidest. Das klingt so einfach, ist aber keine Selbstverständlichkeit. Kristin Neff, eine der führenden Forscherinnen zum Thema Selbstmitgefühl, sagt hierzu treffend: »Wir können den Schmerz nicht heilen, den wir nicht empfinden.« Es geht darum, deine eigenen Gefühle anzuerkennen, ohne dich selbst zu verurteilen. Wenn du Selbstmitgefühl praktizierst, gestehst du dir Fehler und Schwächen ein, ohne dich davon entmutigen zu lassen. Du behandelst dich selbst mit der gleichen Fürsorglichkeit, die du einem guten Freund in Not entgegenbringen würdest. Wenn du dich selbstmitfühlend behandelst, hast du deswegen nicht weniger Misserfolge oder bist plötzlich perfekt. Aber all diese leidvollen Erfahrungen sind eingebettet in Akzeptanz und Fürsorge für dich selbst.

Sich selbst zu trösten, erfordert eine gewisse Selbstfürsorge. Du übernimmst dabei zwei Rollen, die normalerweise von verschiedenen Personen erfüllt werden: die Fürsorgliche und diejenige, die getröstet wird. Du bist es gewohnt, nur eine dieser Rollen einzunehmen, entweder wirst du getröstet oder du spendest Trost. Auf gewisse Weise teilst du deine Persönlichkeit in zwei Aspekte. Ein Teil davon leidet und sehnt sich nach Trost, während gleichzeitig ein anderer Teil in dir empathisch agiert und sich um dich kümmert. Dieser zweite Teil deiner Persönlichkeit steht ein Stück weit außerhalb deines Leidens. Er schafft eine Distanz zu deinem Schmerz, um sich um dich zu sorgen und dich zu trösten. Dies ist eine bedeutende Erkenntnis! Dein Mitgefühl für dich selbst bewirkt, dass dein Leid dich nicht völlig einnimmt. Du bringst ein wenig Abstand zwischen dich und deinen Schmerz. Damit sendest du dir selbst eine ermutigende Botschaft: »Ja, ich bin traurig und enttäuscht, aber ich bin mehr als dieses Leid. Ich bestehe auch aus der Fürsorglichkeit und Anteilnahme, die ich mir selbst entgegenbringe.«

Vielleicht klingt das für dich noch alles ein wenig abstrakt und theoretisch. Deshalb lass uns jetzt genau schauen, wie du Selbstmitgefühl im Alltag praktizieren kannst. Selbstmitgefühl besteht aus drei Komponenten:

- **Achtsamkeit:** Die erste Komponente, Achtsamkeit, bedeutet, dass du wertfrei wahrnimmst, was ist. Du spürst also hin und nimmst wahr, was gerade dein Gefühl ist und welche Gedanken dir durch den Kopf gehen. Frage dich, wie es dir gerade in diesem Augenblick geht. Bist du nervös oder traurig, weil du dich in einer schwierigen Lage befindest? Bist du frustriert oder wütend auf dich selbst, weil du einen Fehler gemacht hast oder deinen eigenen Standards nicht entsprochen hast? Achtsamkeit bedeutet, dass du spürst, dass du zum Beispiel in diesem Moment gerade überfordert, gestresst, traurig, peinlich berührt oder verärgert bist. Egal, welche Emotionen du empfindest – gestehe sie dir selbst ein. Werde dir bewusst, was du wirklich fühlst, und sei achtsam mit dir selbst. Dieses Eingeständnis deiner emotionalen Verfassung bildet die Grundlage für einen liebevollen und fürsorglichen Umgang mit deinem Problem. Achtsamkeit hilft dir, deine Gefühle urteilsfrei zu beobachten. Diese Methode hast du bereits bei der ersten Glückssäule im Kapitel *»Negative« Gefühle clever regulieren* geübt. Wenn du ein Gefühl akzeptierst, kannst du es objektiv betrachten, ohne es zu bewerten. Es ist, als ob du einen Schritt zurücktrittst und sagst: »So fühlt sich mein Gefühl also an. Gefühle kommen und gehen. Sie bestimmen nicht meine Realität.« Das hat praktische Vorteile. Denn wenn dich ein Gefühl vollständig überwältigt, bist du ihm hilflos ausgeliefert. Es gibt keinen Raum, um deine Situation aus einer anderen Perspektive zu betrachten. Wenn dich beispielsweise Stress überflutet, beeinflusst er sämtliche Bereiche deiner Wahrnehmung, und du siehst keinen Ausweg.

MERKE DIR:

Achtsamkeit unterstützt dich dabei, Abstand zwischen dich und deine Gefühle zu bringen. Sie gibt dir einen Teil deiner Handlungsfähigkeit zurück. Anstatt von deinen Gefühlen überwältigt zu werden, nimmst du sie an. Das ermöglicht es dir wiederum, die Ursache deines Problems zu erkennen und zu lösen.

- **Verbundenheit:** Mit der zweiten Komponente, Verbundenheit, ist ein Bewusstsein für unsere gemeinsame Menschlichkeit gemeint. Es ist von ganz zentraler Bedeutung zu realisieren, dass wir, trotz Schmerz, Unvollkommenheit und all unseren individuellen Schwächen, Herausforderungen, Fehlern und Misserfolgen, mit anderen Menschen verbunden sind. Angenommen, du hast Angst, in der Öffentlichkeit zu sprechen. Wenn dich die Nervosität packt, dann kommt es dir vielleicht so vor, als wärst du die einzige Person mit diesem Problem. »Alle anderen schaffen es, so souverän vor Publikum zu sprechen, nur ich nicht«, denkst du dir womöglich. In Wahrheit bist du mit dieser Herausforderung nicht allein, Sprechangst ist eine sehr weitverbreitete Angst. Der Gedanke »Fast jeder Mensch wird nervös, wenn er vor anderen sprechen soll. Damit bin ich nicht alleine« hat etwas Erleichterndes, Tröstendes und Verbindendes. Wir neigen dazu, uns schnell von unseren Ängsten und Sorgen überwältigen zu lassen. Du weißt bereits aus Kapitel *Was glückliche Menschen anders machen*, dass sich dann deine Wahrnehmung auf dein Problem verengt, bis du nichts anderes mehr siehst. Dabei vergessen wir, dass Tausende Menschen täglich ähnliche Herausforderungen meistern. Dennoch fühlen wir uns mit unserem Schicksal oft allein, und diese Einsamkeit verstärkt das Leid. Dabei gibt es immer andere Menschen, die genau dieselbe Art von Schmerz erfahren haben oder in diesem Moment gerade erfahren. Dass wir schmerzliche Erfahrungen machen, ist Teil unseres Menschseins. Das Bewusstsein für unsere gemeinsame Menschlichkeit ist ein effektives Mittel gegen die überzogenen Erwartungen, die den Kern aller Minderwertigkeitsgefühle bilden. Wir sind alle Menschen. Wir alle haben Fehler. Wir alle machen Fehler und erleiden Rückschläge. Das dürfen wir uns bewusst machen.

MERKE DIR:

Zu verstehen, dass wir alle Menschen sind und ähnliche Erfahrungen machen, stärkt dein Selbstmitgefühl. Das bedeutet nicht, dass du nicht aus deinen Fehlern und Rückschlägen lernen sollst. Es besagt lediglich, dass es für dein Wohlbefinden wenig förderlich ist, sich ihretwegen zu bestrafen. Sie sind ein Teil von dir, sowohl als Mensch als auch als Individuum.

- **Selbstfreundlichkeit:** Die dritte Komponente ist Selbstfreundlichkeit, also die Freundlichkeit im Umgang mit dir selbst. Anstatt dich in für dich schwierigen Situationen hart zu verurteilen oder dich selbst abzuwerten, behandelst du dich selbst rücksichtsvoll, unterstützend, liebevoll, verzeihend, tolerant, tröstend, ermutigend und wertschätzend. Um das zu üben, frage dich ganz einfach, was du deiner besten Freundin, deinem besten Freund in dieser Situation sagen würdest. Nimm dazu am besten diese Perspektive ein: »Wenn ich es jetzt gut mit mir meinen würde, was würde ich mir dann sagen oder raten?«

In der nachfolgenden Tabelle habe ich dir einige Beispiele aufgeschrieben, wie das klingen kann:

Selbstkritische Aussagen	Selbstfreundliche Aussagen
»Ich habe schon wieder einen blöden Fehler gemacht.«	»Jeder macht mal einen Fehler. Das ist eine Gelegenheit für mich, dazuzulernen und zu wachsen.«
»Ich bin so dumm, dass ich das vergessen habe.«	»Es ist menschlich, Dinge zu vergessen. Ich habe gerade sehr viel um die Ohren. So etwas kann passieren.«
»Warum stelle ich mich so an?«	»Es ist echt schmerzhaft, dass ich das gerade durchmachen muss. Das ist wirkliche eine emotional herausfordernde Situation.«
»Andere sind so viel besser als ich.«	»Jeder hat seine Stärken und Schwächen. Ich bin einzigartig und gebe mein Bestes.«
»Na großartig, ich habe mich schon wieder in eine komplette Katastrophe hineinmanövriert.«	»Auch das wird vorbeigehen. Ich bekomme das hin.«

Möglicherweise entsteht bei dir der Eindruck, dass du dich selbst ab jetzt nur noch mit Samthandschuhen anfassen sollst. Es ist wichtig zu betonen, dass Selbstfreundlichkeit nicht heißt, dass du für deine Taten nicht verantwortlich bist oder keine Anstrengung zeigen sollst. Selbstfreundlichkeit bedeutet einfach, sich selbst mit Mitgefühl und Unterstützung zu behandeln, während du gleichzeitig die Verantwortung für das übernimmst, was du tust. Es geht darum, dich selbst auf positive Weise zu unterstützen, selbst wenn du Fehler machst, und dabei dennoch die Verantwortung für deine Handlungen zu tragen.

MERKE DIR:

Selbstfreundlichkeit bedeutet, dich selbst zu trösten, gut für dich zu sorgen, dich selbst in den Arm zu nehmen, dich zu beruhigen, aufbauende Gedanken für dich zu finden und dir selbst Mut zuzusprechen, anstatt dich klein zu machen. Du begegnest dir mit einer inneren Haltung des Wohlwollens. Sie eröffnet dir die Möglichkeit, in schwierigen Momenten einen unterstützenden Dialog mit dir selbst zu führen.

Achtsamkeit, Verbundenheit und Selbstfreundlichkeit sind also wichtige Komponenten für das Selbstmitgefühl. Eines der häufigsten Missverständnisse in Bezug auf Selbstmitgefühl ist die Gleichsetzung mit Selbstmitleid, dabei unterscheiden sich die beiden Konzepte wesentlich. Selbstmitleid führt dazu, dass du dich bemitleidest ohne die Verantwortung zu übernehmen. Im Selbstmitleid fühlst du dich unbewusst so, als ob du der ärmste Mensch auf Erden wärst und getrennt von allen anderen bist: »Nur mir geht es so schlecht – die anderen haben es gut«, »Niemand kann mich verstehen«, »Ich bin komplett auf mich alleine gestellt«, »Es wird nie anders werden«, Es ist alles so schrecklich«. Und so weiter. Wir alle sind schon mal im Selbstmitleid versunken (das ist menschlich). Leider bringt uns das nicht weiter, sondern schwächt und isoliert uns. Selbstmitgefühl hingegen beruht auf einem Gefühl von Verbundenheit mit anderen Menschen und stärkt dich.

Erinnere dich an meine Coachee Isabella für die jeder kleinste Fehler eine Vollkatastrophe darstellte. Das Üben von Selbstmitgefühl half Isabella dabei, sich Schritt für Schritt von destruktiven Generalisierungen zu lösen, die sie sich häufig sagte, zum Beispiel »Das wird nie klappen!«, »Immer mache ich diesen Fehler, ich bin völlig inkompetent«. Stattdessen gelang es ihr stetig besser, im Hier und Jetzt zu sein, ihre Gefühle achtsam wahrzunehmen und freundlich mit sich selbst zu sein: »Jetzt, in dieser einen Situation, habe ich einen Fehler gemacht und bin enttäuscht von mir. Das löst ein ganz ungutes Gefühl in meinem Bauch aus. Es ist okay, dass ich mich so fühle. Es gibt auch andere Menschen auf dieser Welt, die sich schlecht fühlen, wenn sie einen Fehler gemacht haben. Damit bin ich nicht alleine, das ist menschlich. Es gibt ganz viele Dinge, die ich richtig und gut mache. Ich darf mir selbst verzeihen.« Und von diesen selbstmitfühlenden Gedanken ist es nur noch ein kleiner Schritt bis hin zu »Jetzt überlege ich mir, was ich tun kann, um diesen Fehler beim nächsten Mal zu vermeiden.«

Selbstmitgefühl aktiviert Energie in dir, die dich dabei unterstützt, darüber nachzudenken, wie du deine Situation konstruktiv lösen kannst. Mehr darüber, welches Mindset dir dabei hilft, in die Handlung zu kommen, erfährst du im Kapitel *Ran an die Umsetzung.*

ÜBUNG:
FORMULIERE DEIN SELBSTMITGEFÜHLS-MANTRA

Ich lade dich nun dazu ein, dein persönliches Selbstmitgefühls-Mantra zu entwickeln. Ein Selbstmitgefühls-Mantra besteht aus mehreren Sätzen, die aufeinander aufbauen und die du still zu dir selbst sagst, wenn du dir Selbstmitgefühl schenken willst. Das Mantra entfaltet eine umso positivere Wirkung, je besser du deine ganz individuelle Formulierung gefunden hast. Nimm dir dafür also gerne mehr Zeit. Es lohnt sich wirklich, jedes Wort deines Mantras auf seine emotionale Wirkung hin zu überprüfen, so lange, bis es sich für dich ganz stimmig anfühlt.

Das Selbstmitgefühls-Mantra beinhaltet drei Komponenten:

1. Achtsamkeit: Hier erkennst du dein Gefühl beziehungsweise deine Situation an, ohne zu verurteilen. Zum Beispiel: »Das ist jetzt gerade schwierig für mich und das ist okay«, »Das ist gerade sehr hart für mich. Das darf sein«, »Ich spüre, wie weh mir das tut«.

2. Verbundenheit: Hierbei erinnerst du dich daran, dass du in und mit deinem Schmerz mit anderen Menschen verbunden bist (statt von ihnen getrennt). Zum Beispiel: »Das ist menschlich«, »Es geht allen Menschen mal so«, »Damit bin ich nicht alleine«.

3. Selbstfreundlichkeit: Hier drückst du Freundlichkeit für dich selbst aus. Zum Beispiel: »Ich darf Mitgefühl mit mir haben«, »Möge ich mir so viel Verständnis und Empathie entgegenbringen, wie ich es sonst bei anderen mache«.

Alle drei Elemente zusammengesetzt, könnte es dann so lauten:

»Gerade fühle ich mich überfordert und das ist völlig in Ordnung. Das ist menschlich und jeder kennt solche Momente. Ich darf jetzt ganz liebevoll und wertschätzend mit mir sein.«

Nutze meine Mustersätze als Grundlage, um dein eigenes Selbstmitgefühls-Mantra zu formulieren mit Worten, die dir entsprechen. Um dein ausformuliertes Mantra zu testen, versetze dich in eine belastende Situation hinein, wiederhole dein Mantra und achte auf Veränderungen: Wird etwas leichter oder fühlt sich anders an? Es geht darum, eine Formulierung zu finden, die dich spürbar entlastet.

Schreibe dein Selbstmitgefühls-Mantra hier auf ________________

____

____

____

Die Beziehung zu dir selbst ist ein komplexes und vielschichtiges Thema, das ich in diesem Buch aus Platzgründen natürlich nur vereinfacht darstellen kann. Es ist vollkommen klar, dass du deine innere kritische Stimme nicht von heute auf morgen komplett ausschalten kannst (und das brauchst du auch gar nicht). Beim Üben von Selbstmitgefühl kann es auch passieren, dass dein selbstkritisches Ich immer wieder hineinplatzt und sich mit solchen oder ähnlichen Sätzen zu Wort meldet: »Schon wieder kritisierst du dich selbst. Du wolltest doch wohlwollender mit dir sein. Wieso gelingt dir das noch immer nicht?« Und auch in diesem Fall darfst du dir selbstmitfühlend begegnen und urteilsfrei annehmen, was jetzt gerade da ist: »Aha, jetzt kritisiere ich mich dafür, dass ich hart zu mir bin und nicht sanfter zu mir. Bestimmt geht es anderen Menschen in diesem Prozess auch so. Sie schaffen etwas nicht, das sie sich vorgenommen haben, möglicherweise zum wiederholten Mal. Ich darf verständnisvoll mit mir sein.« Gib dir die Zeit, die du brauchst. Wenn du aber das Gefühl hast, du kommst aus den alten abwertenden inneren Filmen deiner Kindheit nicht alleine raus, dann wäre eine Therapie eine Möglichkeit, diese aufzulösen.

MERKE DIR:

Selbstmitgefühl bedeutet, bewusst für dich da zu sein, besonders wenn es dir nicht gut geht. Es ist eine innere Haltung, die es dir ermöglicht, dich selbst zu unterstützen und zu ermutigen, anstatt dich mit Selbstkritik zu belasten. Insgesamt ist es eine Art, eine liebevolle Beziehung zu dir selbst aufzubauen und dir selbst bei den Herausforderungen des Lebens Unterstützung zu bieten. Du schließt immer mehr Freundschaft mit der Person, die du gerade bist. Mit allem, was dazugehört – mit deinen Problemen, Schwächen und Unvollkommenheiten. Mit all dem, was da ist.

FÜNF WERTVOLLE TIPPS FÜR GELINGENDE BEZIEHUNGEN

Die innere Haltung des Selbstmitgefühls ist ein wesentlicher Baustein für eine wertschätzende Beziehung zu dir selbst. Nun schauen wir uns an, wie du gelingende Beziehungen mit anderen Menschen führen kannst und wie du es schaffen kannst, eine positive Resonanz beziehungsweise eine positive Atmosphäre mit anderen zu erzeugen. Was für dein Aufblühen individuell gilt, gilt auch für deine Beziehungen: Du brauchst ein positives Verhältnis. Das bedeutet, dass du in deine Beziehungen mehr positive Gefühle hineinbringst und auf der anderen Seite, »negative« Gefühle und Erfahrungen minimierst. Damit das gelingt, möchte ich dir fünf Tipps und Tricks an die Hand geben, die du sofort umsetzen kannst und die für mich persönlich große Gamechanger waren. Einige Strategien, die ich dir in diesem Kapitel vorstellen möchte, werde ich anhand von romantischen Liebesbeziehungen veranschaulichen. Falls du gerade nicht in einer Beziehung bist, ist das Folgende aber genauso relevant für dich. All das, was ich dir zeigen möchte, kannst du ebenfalls auf Beziehungen zu Familienmitgliedern, Freundinnen und sogar Arbeitskolleginnen anwenden.

1. TIPP: ENTWICKLE LOVE MAPS

Die Basis für jede Beziehung, vergleichbar mit dem Fundament eines Hauses, sieht John Gottman – Begründer der evidenzbasierten Paartherapie – in sogenannten *Love Maps* oder »Liebes-Landkarten«. Eine detaillierte Landkarte des Partners oder der Partnerin zu haben, auf der die Interessen, Vorlieben, Wünsche, Haltungen des jeweilig anderen quasi gespeichert sind, ermöglicht es dir, mit der Welt des anderen vertraut zu sein und Liebe sowie Verständnis aufzubauen. Wenn wir einen Menschen zu Beginn einer Beziehung neu kennenlernen, dann kümmern wir uns automatisch um diese Liebes-Landkarten. Wir sind neugierig, stellen viele Fragen und wollen alles über die andere Person wissen. Das Gleiche gilt natürlich auch für Freundschaften, in denen wir *Friendship Maps* aufbauen. Je länger die Beziehung oder Freundschaft andauert, desto mehr tritt diese Neugier in den Hintergrund und eine (scheinbare) Vertrautheit stellt sich ein. Wir meinen vermeintlich über den anderen Bescheid zu wissen und die Meinungen und Einstellungen des anderen bereits zu kennen. Doch Menschen verändern sich im Lauf des Lebens und entwickeln sich ständig weiter, weshalb es so wichtig ist, sich gerade in langjährigen Beziehungen oder Freundschaften immer wieder aufs Neue kennenzulernen. Keiner ist mehr derselbe Mensch, der er noch vor fünf Jahren war. Es gilt also aktives Interesse am anderen zu zeigen und die Liebes-Landkarten voneinander stetig zu erweitern. Je mehr du über die (innere) Welt des anderen weißt, desto erfüllender wird deine Partnerschaft oder Freundschaft sein, weil ihr mehr positive Erfahrungen generieren könnt. Hier habe ich einige Beispiele für dich, wie gut entwickelte *Love Maps* voneinander im Alltag für mehr positive Gefühle sorgen:

- Wenn du die Vorlieben und Abneigungen deines Partners beziehungsweise deiner Partnerin kennst, kannst du Überraschungsgeschenke auswählen, die genau den Geschmack des anderen treffen und eine Freude bereiten, zum Beispiel ein Buch, das er oder sie schon immer lesen wollte oder ein Besuch bei einem Konzert des Lieblingskünstlers.
- Wenn du weißt, was deinen Partner oder deine Partnerin gerade beschäftigt, kannst du die Stressoren im Leben des anderen erkennen. Das ermöglicht es dir, unterstützend zu handeln, sei es durch aufmunternde Worte, das Übernehmen von Aufgaben oder einfach nur durch emotionale Unterstützung.
- Kleine Gesten können eine große Wirkung haben. Wenn du weißt, welche kleinen Dinge deinem Partner oder deiner Partnerin Freude bereiten, sei es eine Tasse des Lieblingstees am Morgen oder eine bestimmte Art der Zärtlichkeit, sorgst du für Wohlfühlmomente.
- Wenn ihr die Hobbies und Interessen des jeweils anderen gut kennt, erlaubt euch das, Aktivitäten zu planen, die beiden Freude bereiten.
- In Konfliktsituationen hilft dir deine *Love Map*, die Perspektive des anderen besser zu verstehen. Wenn du zum Beispiel über schlimme Erfahrungen im Leben des anderen Bescheid weißt, kannst du verletzende oder störende Verhaltensweisen anders einordnen, sie weniger persönlich nehmen und empathisch und mitfühlend reagieren. Durch das Wissen um die Hintergründe bestimmter Einstellungen oder Verhaltensweisen könnt ihr Konflikte effektiver lösen.
- Wenn du die Träume und Ziele des anderen kennst und gut darüber Bescheid weißt, was beim anderen gerade beruflich los ist, kannst du deinem Partner oder deiner Partnerin den

Rücken stärken, ihn beziehungsweise sie ermutigen, nachfragen, einen Motivationstritt in den Allerwertesten geben, Hilfestellung anbieten und Meilensteine feiern.

Du merkst, gut entwickelte *Love Maps* eröffnen unzählige Möglichkeiten für positive Erfahrungen und stärken die Verbindung zwischen Partnerinnen und Partnern auf einer tieferen Ebene. Unvollständige oder weniger gut entwickelte *Love Maps* zeigen sich beispielsweise hingegen durch Situationen wie der folgenden:

- Die Unterstützung in stressigen Zeiten fehlt, weil die eine Person nicht gut versteht, was die andere gerade durchmacht.
- Wenn du die Vorlieben, Abneigungen oder Reaktionen des anderen nicht ausreichend kennst, besteht die Gefahr von Missinterpretationen, die zu Konflikten führen können.
- Wichtige Ereignisse im Leben des anderen, wie etwa Geburtstage, Jahrestage oder andere bedeutsame Momente, werden vergessen, was das Gefühl der Wertschätzung beeinträchtigen kann.
- Konflikte können weniger empathisch angegangen werden, weil das Verständnis für die Hintergründe bestimmter Verhaltensweisen oder Standpunkte fehlt.

Du siehst also, es geht nicht nur darum, über das äußere Leben wie Freundinnen, Hobbies oder Interessen des oder der anderen Bescheid zu wissen, sondern auch über das Innenleben, indem du die Ängste, Träume, Wünsche, Überzeugungen, Meinungen, Sehnsüchte und vergangene Erfahrungen deines Partners oder deiner Partnerin kennst. Wenn *Love Maps* nicht kontinuierlich aktualisiert werden, besteht die Gefahr, dass ihr euch in unterschiedliche Richtungen entwickelt, ohne dass der oder die jeweils andere davon weiß. Das kann zu einem Gefühl der Entfremdung führen, da die gemeinsame Basis schwindet.

Das Schöne ist aber, dass es jederzeit möglich ist, *Love Maps* zu entwickeln und weiter auszubauen, indem ihr euch beispielsweise gegenseitig Fragen stellt und euch ernsthaft füreinander interessiert. Dadurch seid ihr im Austausch über Dinge, die euch wirklich wichtig sind und ihr vertieft euer Wissen über den jeweils anderen. So kann echte Vertrautheit und Intimität entstehen. In der folgenden Übung habe ich dir eine Liste mit möglichen Fragen zusammengestellt.

ÜBUNG: ERWEITERE DEINE LOVE MAPS

Mit den folgenden Fragen könnt ihr überprüfen, wie gut eure Love Maps bereits ausgebildet sind und sie erweitern. Ihr könnt euch die Fragen einfach gegenseitig stellen und euer Wissen voneinander vertiefen. Oder ihr könnt es als Spiel sehen und schauen, ob ihr die Antwort des anderen erraten könnt. Weiters könnt ihr ein Ritual daraus machen und euch zum Beispiel vor dem Einschlafen immer jeweils eine Frage stellen. Und natürlich könnt ihr die Fragen jederzeit mit euren eigenen ergänzen. Es gibt kein Richtig oder Falsch, Hauptsache, ihr findet mehr übereinander heraus und kommt dadurch zu einem tieferen gegenseitigen Verständnis.

1. Was macht für dich einen perfekten Tag aus?
2. Was wolltest du immer schon einmal machen, hast es aber noch nie getan?
3. Was war die schwierigste Phase in deinem bisherigen Leben und was hast du daraus gelernt?
4. Wie sieht für dich der ideale Job aus?
5. Was ist deine Lieblingsfarbe?
6. Was erregt dich sexuell am meisten?
7. Welche drei Menschen bewunderst du am meisten?
8. Was macht dich besonders traurig?
9. Welches Essen magst du gar nicht?

10. Was war dein schönster Urlaub?
11. Wovor hast du am meisten Angst?
12. Welche Musikgruppe magst du am liebsten?
13. Welche Kleidung trägst du gerne?
14. Welche Situation war dir besonders peinlich?
15. Wie verbringst du am liebsten dein Wochenende?
16. Was war deine schönste/schlimmste Kindheitserfahrung?
17. Womit kennst du dich deiner Meinung nach sehr gut aus?
18. Wie möchtest du am liebsten beruhigt werden?
19. Wofür in deinem Leben bist du am dankbarsten?
20. Wann fühlst du dich richtig lebendig?

MERKE DIR:

Die *Love Map* ist wie eine detaillierte Karte, die das Leben und die innere Welt deines Partners oder deiner Partnerin widerspiegelt. Durch gut entwickelte *Love Maps* voneinander, könnt ihr als Paar eine Fülle von positiven Erfahrungen generieren. *Love Maps* können jederzeit entwickelt und erweitert werden. Das Gleiche gilt für alle Arten von »Beziehungs-Landkarten« mit Familienmitgliedern, Freundinnen oder Arbeitskolleginnen.

2. TIPP: WENDE DIE FÜNF-ZU-EINS-REGEL AN

Der Paartherapeut John Gottman hat viele Jahre lang verheiratete Paare in seinem Labor beobachtet. Durch seine Forschungsergebnisse ist er nach eigener Angabe mittlerweile in der Lage, mit einer 91-prozentigen Trefferquote anhand von wenigen Gesprächssequenzen, die er mit Paaren erlebt, vorherzusagen, ob sie zusammenbleiben oder sich trennen werden.

Als besonders relevant für langfristig gelingende Beziehungen hat er das aktive Zuwenden herausgefunden.

Als Faustformel kannst du dir merken, dass bei glücklichen und zufriedenen Paaren positive Kommunikation gegenüber negativer Kommunikation ein Verhältnis von fünf zu eins hat. Konkret bedeutet das, dass für jede negative Interaktion, fünf positive Interaktionen oder positive Gefühlsbekundungen vorhanden sein sollten, um ein Gleichgewicht zu halten. Zu den positiven Interaktionen zählen zum Beispiel physische Gesten der Zuneigung wie Umarmungen, Küssen, Händchenhalten, das Ausdrücken von Anerkennung oder Mitgefühl, freundliche Worte, aktives Zuhören, gemeinsames Lachen. Zu den negativen Interaktionen zählen zum Beispiel Schuldzuweisungen, abschätzige Bemerkungen, Augenrollen, Seufzen oder Abblocken von Kommunikation durch Schweigen. Gottman hat speziell vier Kommunikationsmuster festgestellt, welche Beziehungen dauerhaft schädigen. Er nennt sie die »vier apokalyptischen Reiter«:

- **Destruktive Kritik:** Der erste Reiter bezieht sich auf das Formulieren von Vorwürfen und Anschuldigungen bis hin zu einer generellen Verurteilung der ganzen Person. Hier ist nicht konstruktive Kritik gemeint, die sich auf spezifische Verhaltensweisen fokussiert und Vorschläge zur Verbesserung macht, zum Beispiel »Ich bin sehr frustriert, wenn du später nach Hause kommst als vereinbart, weil mir Planbarkeit und Respekt wichtig sind. Bitte gib mir zukünftig im Voraus Bescheid, sollte es bei dir später werden, damit ich mir meine Zeit gut einteilen kann.« Gemeint sind anklagende und generalisierende Aussagen, zum Beispiel »Du kommst immer viel zu spät nach Hause. Du bist wirklich respektlos.«
- **Verteidigung:** Der zweite Reiter »Verteidigung« tritt auf, wenn einer oder beide Partner sich vor Kritik schützen, indem sie sich verteidigen, anstatt auf konstruktive Weise auf die Anliegen des anderen einzugehen. Zu Verteidigung zählt

zum Beispiel Rechtfertigung (»Ich musste länger arbeiten, weil meine Chefin es verlangt hat. Es ist nicht meine Schuld«), Schuldzuweisung, ohne selbst Verantwortung zu übernehmen (»Du willst doch immer, dass ich mehr Geld verdiene. Wenn du nicht so hohe Erwartungen hättest, dann wäre ich früher zu Hause«) oder Gegenangriff (»Komm schon, du beschwerst dich über meine Verspätungen, aber du vergisst immer deine Versprechen. Das ist wirklich heuchlerisch von dir«).

- **Verachtung:** Der dritte Reiter »Verachtung« ist der gefährlichste. Er ist besonders destruktiv, weil er immer vergiftend für die Beziehung wirkt und Abneigung beziehungsweise Geringschätzung gegenüber der anderen Person ausdrückt. Zu Verachtung zählen zum Beispiel abwertende oder beleidigende Kommentare (»Du bist einfach zu egoistisch, um pünktlich nach Hause zu kommen. Immer muss ich auf dich warten«), Verhöhnen, Sarkasmus (»Oh, toll, du bist wieder spät dran. Das überrascht mich überhaupt nicht. Du bist ja immer so zuverlässig«), Zynismus, abschätziger Humor, Augenrollen, abfällige Blicke, spöttisches Lachen oder eine herabsetzende Tonlage (»Wie schwer kann es sein, einfach pünktlich zu sein? Das kann wirklich jeder außer dir«).
- **Mauern:** Der vierte Reiter tritt auf, wenn eine der Personen inmitten eines Konflikts den Kontakt abbricht, sich emotional zurückzieht, nicht mehr aktiv am Gespräch teilnimmt und sich quasi ausklinkt. Während eines gelingenden Gesprächs zwischen zwei Menschen gibt die zuhörende Person der redenden Person alle möglichen Signale, um zu zeigen, dass er oder sie wirklich zuhört. Die eine Person schaut die andere an, nickt, sagt Dinge wie »ja« oder »hmm«. Doch wer mauert, der gibt nichts zurück, sondern schaut zum Beispiel auf den Boden, vermeidet Augenkontakt, sitzt wie eine reglose Wand da, schweigt oder gibt nur ganz kurze, knappe Antworten.

Ich gebe es zu, auch ich habe die vier apokalyptischen Reiter bereits in der Kommunikation mit meinem Partner verwendet und es ist wichtig zu verstehen, dass niemand perfekt ist. Im Alltagstrubel mit all seinen Anforderungen und Überforderungen und mit unserem individuellen biografischen Hintergrund passiert es immer wieder, dass wir negative Kommunikationsmuster anwenden. Der Schlüssel liegt jedoch darin, sich dieser Muster bewusst zu werden, Verantwortung zu übernehmen und aktiv an einer Verbesserung der Kommunikation zu arbeiten.

Wie sieht nun im Gegensatz zugewandte Kommunikation im Alltag ganz konkret aus?:

- Höre aktiv zu, wenn dein Gegenüber spricht. Das bedeutet, dass du ihm oder ihr deine volle Aufmerksamkeit schenkst, wenn er oder sie spricht, und du dich auf das Gesagte einlässt, indem du zum Beispiel nachfragst oder nickst. Schalte Störquellen aus, wie alle Arten von Bildschirmen.
- Wenn dein Partner oder deine Partnerin ein Bedürfnis äußert, einen Vorschlag macht oder einfach nur seine beziehungsweise ihre Gedanken teilt, reagiere positiv darauf, indem du zustimmst, Verständnis zeigst oder (emotionale) Unterstützung anbietest.
- Sich zuwenden heißt auch, empathisch und einfühlsam zu reagieren, wenn der Partner oder die Partnerin Gefühle zeigt, sei es Freude, Trauer, Ärger oder Frustration.
- Drücke körperliche und verbale Zuwendung aus. Nimm den anderen zum Beispiel in den Arm, sage: »Ich hab dich lieb« oder »Ich liebe dich«.
- Vermeide den anderen abzuweisen oder zu ignorieren. Wenn du gerade nicht sprechen kannst oder willst, dann teile deinem Partner oder deiner Partnerin einen Zeitpunkt mit, an dem du bereit sein wirst.
- Wende dich in Alltagsmomenten dem anderen zu, durch eine Umarmung, ein Lächeln oder ein aufmunterndes Wort.

MERKE DIR:

Vermeide die vier apokalyptischen Reiter – destruktive Kritik, Rechtfertigung, Verachtung und Mauern – in deiner Kommunikation mit anderen Menschen, denn sie haben das Potenzial, erhebliche Schäden in einer Beziehung zu verursachen. Stattdessen handle aus einer zugewandten Haltung, nimm aktiv an der Beziehung teil und entscheide dich bewusst dafür, dich auf dein Gegenüber zuzubewegen – selbst in schwierigen oder stressigen Momenten. Behalte dir dazu als Faustformel die Fünf-zu-Eins-Regel im Hinterkopf: Äußere für jede kritische Aussage, fünf positive.

3. TIPP: TRENNE VERHALTEN UND ABSICHT EINER PERSON

Zu guten, funktionierenden, glücklichen und positiven Beziehungen gehört es auch, dem anderen gegenüber eine positive Einstellung zu haben. Das bedeutet, dass du eine wohlwollende Sichtweise auf dein Gegenüber hast, ihm oder ihr positive Absichten unterstellst, Vertrauen hast, dass es der andere gut meint und bei Kritik nicht die Person generell abwertest, sondern das Verhalten betrachtest. Eine blöde Verhaltensweise ist eine blöde Verhaltensweise, bedeutet aber nicht, dass die ganze Person schlecht ist. Es macht einen großen Unterschied, ob du sagst oder denkst: »Du bist respektlos« oder »Dein Verhalten in dieser spezifischen Situation habe ich als respektlos empfunden«. Denn Verhaltensweisen sind veränderbar. Das Gleiche gilt übrigens für deine inneren Gespräche mit dir selbst. Ein blöder Ausrutscher in einer Situation macht dich nicht gleich zu einem schlechten Menschen. Ja, in dieser einen spezifischen Situation hättest du besser handeln können. Und genau das kannst du das nächste Mal auch tun.

Nun möchte ich dir eine Fähigkeit beibringen, die essenziell ist, wenn dich das Verhalten von anderen Menschen stört. Und diese Fähigkeit ist, Absicht und Wirkung der Verhaltensweise voneinander zu trennen. Im Alltag vermischen wir das oft. Absicht und Wirkung sind aber zwei verschiedene Dinge. Jemand kann etwas gut meinen, aber die Wirkung der Verhaltensweise kann negativ wahrgenommen werden. Dein Gegenüber gibt dir zum Beispiel ehrliches Feedback zu einem Projekt, das du gerade abgeschlossen hast. Seine Absicht ist, konstruktiv zu sein und Verbesserungsvorschläge zu bieten. Die Wirkung ist jedoch, dass du dich kritisiert fühlst. Hier ist die Absicht positiv, aber die Wirkung auf dich ist negativ. Gut wäre es, wenn du dich immer öfter bei dich störenden oder irritierenden Verhaltensweisen von anderen fragst: »Was könnten gute Gründe der Person sein, so zu handeln?« Deine innere Haltung der anderen Person gegenüber ist also nicht »das ist einfach ein gemeines Arschloch«, sondern vielmehr eine offene, neugierige Haltung, die Perspektive des anderen zu verstehen. Das heißt nicht, dass du verletzende Verhaltensweisen von anderen einfach so hinnehmen sollst. Im Gegenteil, ich möchte dich ermutigen, mit der anderen Person darüber ins Gespräch zu gehen, aber ohne dabei dein Gegenüber als Person herabzusetzen. Je besser es dir gelingt, die gut gemeinte Absicht hinter einem Verhalten zu sehen und auch zu würdigen, desto sachlicher und neutraler kannst du mit jemandem über die Verhaltensweise sprechen, ohne den Menschen dabei abzuwerten. Du kannst die positive Absicht deines Gegenübers benennen und würdigen, zum Beispiel indem du sagst: »Ich sehe, dass du mir konstruktive Verbesserungsvorschläge geben magst«, und gleichzeitig die gewünschte Verhaltensänderung ansprechen: »Und ich bin irritiert, weil es mir erst mal nur darum geht, das abgeschlossene Projekt zu feiern. Bitte lass uns dein Feedback zum Zeitpunkt XY besprechen.«

In der folgenden Tabelle habe ich für dich noch mehr Beispiele aufgelistet:

Verhalten und mögliche negative Wirkung nach außen	Mögliche positive Absicht dahinter
Dein Gegenüber ist unaufmerksam während eines Gesprächs. Du fühlst dich ignoriert und abgelehnt.	Dein Gegenüber ist in Gedanken vertieft und gerade mit den eigenen Sorgen beschäftigt. Er oder sie ignoriert dich nicht absichtlich.
Dein Partner oder deine Partnerin engagiert sich übermäßig bei der Arbeit. Du fühlst dich vernachlässigt und denkst, ihm oder ihr ist die Arbeit wichtiger als die Beziehung.	Er oder sie möchte beruflichen Erfolg erzielen und finanzielle Sicherheit für die Familie gewährleisten.
Dein Gegenüber unterbricht dich häufig während eines Gesprächs. Du fühlst dich nicht gehört.	Dein Gegenüber nimmt aktiv am Gespräch teil und zeigt Begeisterung.
Dein Partner oder deine Partnerin gibt dir verzögert Antwort auf deine Liebesbekundungen. Du bist verunsichert.	Er oder sie möchte seine Antwort sorgfältig überlegen und sich besondere Mühe geben.
Dein Partner oder deine Partnerin gibt dir häufig ungefragte Ratschläge und äußert Bedenken bei deinen Vorhaben. Du fühlst dich bevormundet und hast den Eindruck, er beziehungsweise sie traut dir nichts zu.	Es ist seine oder ihre Art, dir zu zeigen, dass du ihm beziehungsweise ihr wichtig bist und sich um dich kümmert, indem er oder sie mitdenkt.

Mir ist wichtig zu betonen, dass diese wohlwollende Sichtweise auf den Partner oder die Partnerin darauf abzielt, Missverständnisse zu klären und die Kommunikation zu verbessern. In toxischen Beziehungen, in denen respektloses oder schädliches Verhalten an der Tagesordnung ist, sind solche Strategien möglicherweise nicht wirksam. In solchen Fällen ist es entscheidend, professionelle Hilfe in Anspruch zu nehmen und deine eigene Sicherheit zu priorisieren. Im Zweifel für den Angeklagten bedeutet nicht, sich selbst auf Kosten der eigenen Gesundheit oder des eigenen Wohlbefindens zu opfern.

MERKE DIR:

Eine positive Einstellung zu haben beinhaltet die Fähigkeit, den Handlungen deines Gegenübers eine gut gemeinte Absicht zu unterstellen, selbst wenn dir das Verhalten widersinnig, gemein oder blödsinnig vorkommt. Anstatt in negativen Annahmen oder Schuldzuweisungen zu verharren, übe dich darin, Absicht und Wirkung zu trennen und die Intentionen deines Gegenübers positiv zu interpretieren.

4.TIPP: KOMMUNIZIERE AKTIV KONSTRUKTIV

Ich möchte dir in diesem Tipp eine meiner Lieblingstechniken aus der Positiven Psychologie vorstellen, die dir hilft, positiv zu kommunizieren, unabhängig von der Art der Beziehung: **Aktiv konstruktives Kommunizieren**. Du weißt ja bereits, dass für positive Beziehungen fünfmal mehr positive als negative Interaktionsmomente nötig sind. Aber wie erreichen wir das? Es kommt unter anderem darauf an, wie wir reagieren, wenn uns jemand etwas Positives erzählt. Das passiert im Alltag häufig, zum Beispiel, wenn dir dein Partner oder deine Partnerin beim

Abendessen schildert, wie der Tag war. Oder dir eine Freundin beim Kaffeetreff über einen beruflichen Erfolg berichtet. Wenn jemand von einer positiven Erfahrung erzählt, gibt es verschiedene Arten zu reagieren:

- Zeigst du großes Interesse und Engagement? (aktiv)
- Oder ist deine Antwort eher distanziert oder zurückhaltend? (passiv)
- Ist deine Reaktion unterstützend und bestärkend? (konstruktiv)
- Oder reagierst du abwertend oder anderweitig negativ? (destruktiv)

Aus der Kombination dieser beiden Dimensionen ergeben sich vier verschiedenen Antwortoptionen. Stell dir vor, dein Partner oder deine Partnerin erzählt dir beim Abendessen begeistert von einer erfolgreichen Präsentation bei der Arbeit:

Passiv konstruktiv

Du bist zwar unterstützend, aber deine Reaktion ist eher zurückhaltend und nicht sehr enthusiastisch. Deine Körpersprache zeigt nur wenig Emotion.

Beispiel: »Das klingt doch gut. Schön für dich.«

Aktiv konstruktiv

Du zeigst großes Interesse und Begeisterung, stellst Fragen und feierst den Erfolg mit der Person. Deine Körpersprache ist zugewandt und offen, du lächelst und hältst Blickkontakt.

Beispiel: »Wow, das ist großartig! Erzähl mir mehr darüber! Wie hast du das geschafft?«

Passiv destruktiv

Du reagierst weder unterstützend noch interessiert, wechselst das Thema und ignorierst das eben Gesagte. Du hast eine Desinteresse vermittelnde Körperhaltung, du schaust beispielweise auf dein Handy oder drehst dich weg.

Beispiel: »Aha. Und was gibt's sonst Neues?«

Aktiv destruktiv

Du reagierst negativ oder kritisch, machst die positive Erfahrung des anderen klein, suchst nach Problemen oder äußerst eigene negative Emotionen. Deine Körpersprache ist abgewandt, du runzelst zum Beispiel die Stirn oder machst einen skeptischen Gesichtsausdruck.

Beispiel: »Na ja, das klingt ja nicht so schwierig. Andere haben das schon viel besser gemacht.«

Hier gleich noch ein weiteres Beispiel für dich. Stell dir vor, eine Freundin erzählt dir von ihrem Urlaub:

Passiv konstruktiv

»Das klingt doch schön. Ich freue mich für dich.«

Aktiv konstruktiv

»Wow, das klingt unglaublich! Erzähl mir mehr über die Orte, die du besucht hast. Was war dein Lieblingsort? Hast du Fotos gemacht?«

Passiv destruktiv

»Aha, also meine letzte Woche war leider gar nicht toll.«

Aktiv destruktiv

»Na ja, die Strände dort sollen doch überfüllt sein, oder? War das nicht alles total teuer? Also für mich wäre diese Art Urlaub ja nichts.«

Im Alltag passiert es am häufigsten, dass wir passiv konstruktiv reagieren, meistens ganz unbeabsichtigt. Das liegt daran, dass wir in Eile sind oder abgelenkt durch unsere eigenen Gedanken und Aufgaben oder durch elektronische Geräte. Indem wir auf eine positive Nachricht unseres Gegenübers so etwas antworten wie: »Das freut mich für dich, herzlichen Glückwünsch«, reagieren wir unterstützend, ohne viel Energie aufzuwenden. Emotional sind wir aber wenig beteiligt und das Gespräch bleibt eher nüchtern und sachlich. Nach einem langen Tag oder in stressigen Zeiten haben wir auch manchmal gar nicht die emotionale Energie, um voll und ganz mit der anderen Person mitzufiebern.

Wenn wir passiv destruktiv kommunizieren, dann gehen wir gar nicht darauf ein, was uns unser Gegenüber gerade erzählt. Auch das passiert häufig unabsichtlich. Es kann zum Beispiel passieren, wenn du gedanklich woanders, emotional ausgelaugt, gerade mit deinen eigenen Themen beschäftigt bist oder einfach keine Lust hast, dich auf das Gespräch einzulassen. Diese Reaktionsweise zeigt der anderen Person, dass du nicht wirklich zuhörst oder dich kümmerst, und kann dadurch das Gefühl vermitteln, dass ihre Erfahrungen und Gefühle unwichtig sind.

Aktiv destruktiv kommunizierst du, wenn du aktiv und bewusst negativ oder kritisch reagierst, selbst wenn jemand dir etwas Positives mitteilt. Dies kann zum Beispiel passieren, weil du neidisch bist oder frustriert über deine eigenen unerfüllten Erwartungen. Du könntest die positive Erfahrung des anderen herunterspielen oder sogar abwertende Kommentare abgeben. Diese Art der Reaktion kann die Beziehung belasten und sich sogar negativ auf das Selbstwertgefühl deines Gegenübers auswirken.

Wie du wahrscheinlich schon ahnst, ist aktiv konstruktiv kommunizieren die günstigste Antwortmöglichkeit, wenn es darum geht, positive Beziehungen zu gestalten. Hierbei zeigst du echtes Interesse und Enthusiasmus, stellst Fragen, um mehr zu erfahren, und feierst die Erfolge und Freuden der anderen Person aufrichtig mit. Selbst wenn du im Moment keine Zeit für ein längeres Gespräch hast, kannst du aktiv konstruktiv antworten, indem du beispielsweise sagst: »Das klingt total spannend und ich möchte so gerne mehr darüber erfahren. Magst du mir heute beim Abendessen mehr erzählen?«

Diese Art der Kommunikation stärkt die Bindung und das Vertrauen zwischen dir und deinem Gegenüber erheblich und setzt eine positive Aufwärtsspirale in der Kommunikation in Gang, die für euch beide spürbar ist. Aktiv konstruktive Gespräche steigern wechselseitig das Wohlbefinden und fördern eine Atmosphäre des Respekts und der Unterstützung. Es fühlt sich einfach toll an, wenn du spürst »Hey, da ist ein Mensch, der sich wirklich für mich interessiert und sich aufrichtig mit mir mitfreut.«

Versuche beim nächsten Mal, wenn dir jemand etwas Positives erzählt, zum Beispiel über Erfolge, Ziele, Pläne oder andere schöne, glückliche Situationen, bewusst aktiv konstruktiv zu antworten. Was passiert, wenn du aktiv konstruktiv kommunizierst? Wie fühlt es sich für dich an und was macht es mit dem Gespräch? Merkst du vielleicht schon, wie es deine Beziehungen aufblühen lässt?

Wenn dir dein Gegenüber aber von einem Problem, einem Misserfolg oder einer unangenehmen Situation berichtet, würde es eher paradox wirken, wenn du aktiv konstruktiv darauf antwortest und das Negative noch weiter verstärken. Hier empfehle ich dir stattdessen die Technik **Aktives Zuhören**.

Diese Technik wendest du an, wenn dein Gegenüber von einem Problem oder einer belastenden Erfahrung erzählt, Unterstützung sucht oder sich verstanden und gehört fühlen soll. In solchen Situationen ist es entscheidend, dass du präsent bist und aktiv sowie empathisch zuhörst. Aktives Zuhören bedeutet nicht nur zuzuhören und das Gehörte kurz zu bestätigen, im Sinne von »Ah, ich verstehe« oder »Das klingt schwierig«, sondern deinem Gegenüber deine volle Aufmerksamkeit zu schenken, indem du ihm oder ihr in die Augen schaust, nickst und wiederholst, was du verstanden hast, zum Beispiel »Du bist enttäuscht, weil du das Projektziel nicht erreicht hast. Das verstehe ich.«

Sicher weißt du aus eigener Erfahrung, wie gut es tut, wenn du dein Herz ausschüttest und du das Gefühl hast: »Ja genau, die Person hat wirklich verstanden, worum es mir geht, beziehungsweise wie ich mich momentan fühle.«

Beim Aktiven Zuhören paraphrasierst du, das bedeutet, du fasst das Gesagte in anderen Worten zusammen, wodurch sich die andere Person gesehen fühlt. Das ist eine Technik, die du üben kannst. Es bedeutet, wirklich zuzuhören und nicht bereits im Kopf eine Antwort zu formulieren oder darüber nachzudenken, was du selbst sagen möchtest. Stattdessen signalisierst du der anderen Person zunächst: »Ich habe verstanden, was du mir sagen möchtest.«

Die Königsdisziplin beim Aktiven Zuhören ist, die emotionale Botschaft des anderen rauszuhören und die Gefühle deines Gegenübers widerzuspiegeln. Stell dir vor, dein Gegenüber erzählt dir weiter Folgendes: »Weil ich das Projektziel nicht erreicht habe, waren all meine intensiven Bemühungen umsonst.« Wenn du dann antwortest: »Du hast trotz harter Arbeit nicht das gewünschte Ergebnis erzielt. Mir kommt vor, du bist ziemlich frustriert deswegen«, praktizierst du Aktives Zuhören. Du warst wirklich präsent und hast das Gefühl, das die Person vermitteln wollte, erkannt. Wenn du das übst und immer wieder in deine Gespräche einbaust, trägst du wesentlich zu einer positiven Kommunikation bei.

MERKE DIR:

Für gelingende Beziehungen ist es wichtig, deinem Gegenüber aufmerksam zuzuhören und ihm oder ihr das Gefühl zu geben, wirklich verstanden zu werden. Genauso wichtig ist es, aktiv konstruktiv zu antworten, wenn dein Gegenüber etwas Positives erzählt. Das trägt dazu bei, dass beide Gesprächspartnerinnen von der positiven Erfahrung profitieren und die Beziehung gestärkt wird. Das ist bei passiven und destruktiven Reaktionen nicht der Fall.

5.TIPP: ÄUSSERE DEINE WÜNSCHE UND BEDÜRFNISSE KLAR

Hast du dich jemals gefragt, ob du egoistisch bist, wenn du deine Bedürfnisse kommunizierst? Viele von meinen Glückscoachees beschäftigt genau diese Frage. Nehmen wir zum Beispiel Sabine. Sie hält sich damit zurück, ihre Bedürfnisse auszudrücken, weil sie befürchtet, andere könnten sie als egoistisch oder selbstbezogen wahrnehmen. Das führt dazu, dass sie häufig *ja* sagt, obwohl sie *nein* meint. Ihr ist es wichtig, dass es den Menschen in ihrem Umfeld gut geht. Und prinzipiell hat sie auch überhaupt nichts dagegen, ihre eigenen Bedürfnisse zum Wohle anderer mal hintenanzustellen ... Aber eben nicht jedes Mal. Sie ist zunehmend frustriert und ärgert sich über sich selbst, weil sie es einfach nicht schafft, ihre eigenen Bedürfnisse klar auszudrücken. Ihre Wünsche zur Not auch mal gegen Widerstand von außen zu verteidigen, ist sowieso utopisch. Wenn sie nur das kleinste Indiz dafür wahrnimmt, dass ihr Gegenüber ihr Bedürfnis gerade nicht teilt, dann knickt sie ein und fügt sich, obwohl sie in Wahrheit etwas ganz anderes möchte. Etwas zu tun, das nicht ihrem Willen entspricht, ist für sie einfacher, als auszuhalten, dass ihr Gegenüber sie als egozentrisch abstempeln könnte. Am liebsten hätte Sabine, dass ihr Gegenüber einfach erkennt, was sie gerade braucht und dementsprechend handelt. Immerhin hat sie ihr Bedürfnis doch angedeutet oder einmal kurz ausgesprochen. So schwer kann das doch für den anderen nicht sein. Langsam hat sie das Gefühl, nur von empathielosen Menschen umgeben zu sein und ihre Unzufriedenheit wird immer größer.

Ich glaube, viele von uns haben sich schon einmal wie Sabine gefühlt. Es ist uns nicht gelungen, für unsere wahren Bedürfnissen einzustehen. Das ist menschlich und auch nicht in jeder Situation können den Bedürfnissen von allen Beteiligten zufriedenstellend Rechnung getragen werden. Wichtig ist aber, dass du deine Bedürfnisse klar kommunizierst. Nur indem du deine Bedürfnisse aussprichst, kannst du anderen Menschen mitteilen, was dir wichtig ist und wie sie dich besser verstehen und unterstützen können.

Denk immer dran: Niemand ist ein Hellseher! Auch wenn wir uns das wünschen würden. Unsere Mitmenschen können nicht immer erraten, was in unserem Innersten vorgeht (und es ist auch nicht ihre Aufgabe). Sie können unsere Bedürfnisse und Wünsche nicht kennen, es sei denn, wir teilen sie ihnen mit.

Hand aufs Herz, hast du dich im letzten Absatz ertappt gefühlt? Gehst du selbstverständlich davon aus, dass andere doch einfach wissen müssten, was du dir insgeheim wünscht? Hättest du gerne, dass dir dein Traumprinz oder deine Traumfrau deine Wünsche von den Augen abliest? Bist du frustriert, genervt oder verärgert, wenn du nicht das bekommst, was du willst, obwohl du doch (vermeintlich) ganz deutliche Signale gesendet hast?

Dass du noch nicht bekommst, was du willst, liegt nicht daran, dass dir dein Gegenüber deine Wünsche nicht gönnt oder keine Lust hat, etwas für dich zu tun. Sondern es liegt sehr wahrscheinlich daran, dass du ihm oder ihr schlicht noch nicht klar kommuniziert hast, was du möchtest. Vielleicht möchtest du nicht als Bittstellerin gelten oder hast Sorge, dass andere deine Bitten als lästige Pflichterfüllung oder Zugeständnisse sehen.

Marshall Rosenberg, der Begründer der »gewaltfreien Kommunikation«, schlägt folgende innere Haltung vor, die dich dabei unterstützt, konkrete Bitten an andere zu kommunizieren: »Menschen kooperieren gerne und helfen anderen Menschen, auch deren Bedürfnisse zu erfüllen – wenn ihre eigenen Bedürfnisse erfüllt sind, beziehungsweise sie darauf vertrauen, dass auch ihre eigenen Bedürfnisse beachtet werden.«

Die Erfolgschancen, dass deine Bitten von anderen gehört werden und dir andere Menschen dabei helfen, deine Bedürfnisse zu erfüllen, steigt enorm, wenn du folgende drei Dinge beachtest:

1. Wisse, was du willst: Bevor du jemanden um etwas bitten und deine Bedürfnisse klar kommunizieren kannst, musst du selbst genau wissen, was du eigentlich willst. Das klingt vielleicht offensichtlich, ist aber oft der schwierigste Schritt. Häufig wissen wir genau, was wir nicht wollen, aber es fällt uns schwer, klar zu benennen, was wir stattdessen wollen. Nimm dir Zeit, in dich zu gehen und deine eigenen Wünsche und Bedürfnisse zu reflektieren. Stell dir Fragen wie: »Was ist mir wirklich wichtig?«, »Was brauche ich, um mich glücklich zu fühlen?« und »Welche Situationen oder Verhaltensweisen stören mich und warum?«

Wenn du merkst, dass du nur sagen kannst, was du nicht willst, versuche, das ins Positive zu wenden. Zum Beispiel, wenn du denkst: »Ich will nicht, dass mein Partner ständig auf sein Handy schaut, wenn wir Zeit zusammen verbringen«, frag dich: »Was möchte ich stattdessen?« Vielleicht lautet die Antwort: »Ich wünsche mir ungestörte gemeinsame Zeit, in der wir uns voll aufeinander konzentrieren.« Indem du dir über deine eigenen Bedürfnisse im Klaren bist, strahlst du auch mehr Selbstbewusstsein aus. Andere werden merken, dass du weißt, was du willst, und das erhöht die Wahrscheinlichkeit, dass sie deine Bitten ernst nehmen und dich unterstützen. Zudem fühlst du dich selbstbewusster und weniger frustriert, weil du dir selbst treu bleibst und aktiv für dein eigenes Wohlbefinden sorgst.

2. Drücke deine Bitte so konkret wie möglich aus: Es ist entscheidend, deine Wünsche und Bedürfnisse klar und deutlich zu kommunizieren. Je konkreter du bist, desto besser kann dein Gegenüber verstehen, was du wirklich möchtest und wie er oder sie dir helfen kann.

Manchmal neigen wir dazu, unsere Bitten vage oder allgemein zu formulieren. Das führt oft zu Missverständnissen und Frustration, weil unser Gegenüber nicht genau weiß, was wir erwarten. Hier sind einige Beispiele, die dir helfen können, den Unterschied zwischen »Wischiwaschi«-Bitten und konkreten Bitten zu erkennen:

- *Wischiwaschi-Bitte:* »Könntest du mir ein bisschen mehr im Haushalt helfen?« *Konkrete Bitte:* »Könntest du bitte jeden Dienstagabend den Müll rausbringen und mittwochs die Küche aufräumen?«
- *Wischiwaschi-Bitte:* »Ich wünsche mir, dass wir mehr Zeit miteinander verbringen.« *Konkrete Bitte:* »Ich würde mich freuen, wenn wir jeden Freitagabend gemeinsam einen Film schauen könnten.«
- *Wischiwaschi-Bitte:* »Kannst du das nächste Mal versuchen, pünktlicher zu sein?« *Konkrete Bitte:* »Es wäre toll, wenn du beim nächsten Treffen um 18 Uhr da sein könntest, damit wir rechtzeitig ins Kino gehen können.«
- *Wischiwaschi-Bitte:* »Ich brauche mehr Unterstützung bei den Kindern.« *Konkrete Bitte:* »Könntest du bitte jeden Abend von 18 bis 19 Uhr mit den Kindern spielen, damit ich das Abendessen vorbereiten kann?«

Indem du deine Bitten so konkret wie möglich formulierst, reduzierst du das Risiko von Missverständnissen und zeigst deinem Gegenüber, dass du dir genau überlegt hast, was du brauchst.

3. Sei bereit, ein Nein zu akzeptieren: Solange ein »Nein« deines Gegenübers als Antwort auf deine Bitte für dich nicht okay wäre, ist es eine Forderung und keine Bitte. Eine Bitte ist nur dann eine Bitte, wenn du deinem Gegenüber diese Möglichkeit zum Selbstentscheiden wirklich gibst. Oft zögern wir, unsere Bedürfnisse zu äußern, weil wir Angst vor Ablehnung haben. Die Vorstellung, dass unser Gegenüber unsere Bitte ablehnen könnte, kann beängstigend sein und uns davon abhalten, überhaupt zu fragen. Aber denk daran: Ein Nein ist keine Zurückweisung deiner Person, sondern eine Antwort auf deine spezifische Bitte. Und ein Nein gilt immer nur für den Moment. Wenn jemand Nein zu deiner Bitte sagt, heißt das nicht, dass er oder sie dich nicht mag oder dir nicht helfen will. Es bedeutet einfach, dass es im Moment nicht möglich ist oder andere Prioritäten vorliegen. Ein Nein muss noch lange nicht das Ende des Gesprächs sein. Frage nach, ob es vielleicht eine andere Möglichkeit gibt, wie deine Bitte erfüllt werden kann. Zum Beispiel: »Ich verstehe, dass du heute Abend keine Zeit hast. Könnten wir vielleicht morgen zusammen etwas unternehmen?« Du kannst auch direkt fragen: »Was brauchst du, um Ja zu sagen?« Du kannst deine Bitte jederzeit anpassen, sodass die Bedürfnisse von allen berücksichtigt werden. Vielleicht passt der Zeitpunkt gerade nicht oder die Dauer oder es kann erst mal nur ein Teil deiner Bitte erfüllt werden. Ein ehrliches Nein ist jedenfalls besser als ein halbherziges Ja, das zu Frustration und Enttäuschung führt. Überwinde die Angst vor dem Nein. Erinnere dich daran, dass das Schlimmste, was passieren kann, ein Nein ist. Aber wenn du es nicht versuchst, hast du von vornherein verloren. Indem du deine Bitten äußerst, gibst du deinem Gegenüber die Chance, Ja zu sagen und dir bei der Erfüllung deiner Bedürfnisse zu helfen.

Zusammen mit Sabine, meiner Coaching-Kundin, haben wir folgende Gedanken erarbeitet, die sie dabei unterstützt haben, ihre übermäßige Angst vor Ablehnung loszulassen. Ich möchte sie gerne mit dir teilen, vielleicht helfen sie dir ebenfalls weiter:

- »Ich darf zu meinen Wünschen und Bedürfnissen stehen. Dabei handelt es sich um gesunden Egoismus, also gesunde Selbstfürsorge. Damit gewinne ich sogar an Sympathie bei meinen Mitmenschen, weil ich für sie besser greifbar und transparenter werde.«
- »Wenn ich hingegen meine Bedürfnisse und Wünsche nicht klar ausspreche, weiß mein Gegenüber nicht so richtig, woran er oder sie bei mir ist. Er oder sie muss sich ständig den Kopf darüber zerbrechen, was in mir vorgeht.«
- »Ich mache mir immer wieder bewusst, dass es für meine Mitmenschen leichter ist, wenn ich klar sage, was ich will, als wenn ich mich zurückziehe und schmolle. Und vor allem fühlt es sich für mich auf Dauer besser an, weil ich auf mich selbst achte und meine Grenzen respektiere.«

ÜBUNG:
ÜBERSETZE VORWÜRFE IN WÜNSCHE

Diese Übung hilft dir dabei, negative Aussagen in positive, konstruktive Bitten umzuwandeln. Oft kommunizieren wir unsere Bedürfnisse nämlich in Form von Vorwürfen, was leicht zu Missverständnissen und Konflikten führen kann. Doch hinter jedem Vorwurf steckt ein Wunsch. Indem du Vorwürfe in Wünsche übersetzt, kannst du klarer und freundlicher ausdrücken, was du wirklich willst.

1. **Identifiziere den Vorwurf:** Überlege dir eine Situation, in der du jemandem einen Vorwurf gemacht hast. Zum Beispiel: »Du hörst mir nie zu!« (Gerne verwenden wir bei Vorwürfen Pauschalierungen wie »immer« oder »nie«, das führt aber meistens dazu, dass dein Gegenüber in die Rechtfertigung geht und wenig bereit ist auf dich einzugehen.)

2. **Finde das zugrunde liegende Bedürfnis:** Was steckt hinter diesem Vorwurf? Oft sind Vorwürfe Ausdruck eines unerfüllten Bedürfnisses. In unserem Beispiel könnte das Bedürfnis sein, gehört und verstanden zu werden.

3. **Formuliere einen klaren Wunsch:** Überlege dir, wie du dieses Bedürfnis in eine positive Bitte umformulieren kannst. Anstatt »Du hörst mir nie zu!« könntest du sagen: »Es würde mir sehr helfen, wenn du mir zehn Minuten lang deine ungeteilte Aufmerksamkeit schenken könntest, damit ich dir erzählen kann, was mich beschäftigt.«

Hier sind ein paar weitere Beispiele:

- **Vorwurf:** »Du hilfst mir nie im Haushalt!« Wunsch: »Ich bitte dich, dass wir die Haushaltsaufgaben fair aufteilen, damit wir beide weniger Stress haben. Dazu möchte ich mich gerne morgen Abend mit dir zusammensetzen und einen konkreten Plan erstellen.«

- **Vorwurf:** »Du kommst immer zu spät!« Wunsch: »Ich bitte dich, dass du bei unserem nächsten Treffen pünktlich bist, damit wir genügend Zeit für alles haben, was wir geplant haben.«
- **Vorwurf:** »Du vergisst ständig unsere Verabredungen!« Wunsch: »Ich bitte dich, dass du unsere Verabredungen in deinen Kalender einträgst, damit wir beide sicher sein können, dass wir uns Zeit füreinander nehmen.«

Jetzt bist du dran! Nimm dir einen Moment Zeit und denke an einen Vorwurf, den du kürzlich gemacht hast oder oft machst. Identifiziere das zugrunde liegende Bedürfnis und formuliere einen klaren Wunsch. Schreibe den Vorwurf und den umformulierten Wunsch auf.

Vorwurf: ______________________________

Wunsch: ______________________________

Indem du diese Übung regelmäßig machst, wirst du feststellen, dass deine Kommunikation positiver und konstruktiver wird. Du wirst es leichter finden, deine Bedürfnisse klar auszudrücken und gleichzeitig die Beziehung zu deinem Gegenüber zu stärken. Probiere es aus und beobachte, wie sich deine zwischenmenschlichen Interaktionen verändern!

MERKE DIR:

Es ist wichtig, deine Wünsche und Bedürfnisse in Beziehungen klar zu kommunizieren. Klare Kommunikation zeigt anderen, was dir wichtig ist und hilft, Missverständnisse zu vermeiden, denn niemand kann deine Gedanken lesen. Überwinde die Angst vor Ablehnung, denn nur wer fragt, kann auch Unterstützung bekommen.

M

MEANING

Vierte
Glückssäule

ERFÜLLE DEIN LEBEN MIT SINN

»Glück und einen Sinn im Leben sind schwer in uns selbst zu finden. Es ist jedoch unmöglich, sie anderswo zu finden.«

Nicolas Chamfort

Was ist der Sinn deines Lebens? Welche Bestimmung hast du? Achtung, nicht erschrecken. Diese Fragen sind riesig und können richtig Druck in dir auslösen. Immer wieder erzählen mir Menschen im Coaching, dass sie verzweifelt und entmutigt sind, weil sie den Sinn ihres Lebens noch immer nicht gefunden haben. Eine von ihnen ist Miriam. Miriam hatte den Eindruck, einen riesengroßen positiven Unterschied für die Allgemeinheit erzielen zu müssen, damit ihr Leben einen Sinn hat. Spüre einmal in dich hinein. Glaubst du, auf die Frage »Was ist der Sinn deines Lebens« so etwas Ähnliches antworten zu müssen wie: »alle Atomwaffen abschaffen«, »den Hunger auf dieser Welt bekämpfen«, »den Klimawandel stoppen«, »Krebs heilen« oder »soziale Ungleichheit aus der Welt schaffen«? Falls ja, dann kann ich dich beruhigen. Um dein Leben als erfüllend und sinnvoll zu empfinden, musst du keine großen Dinge erreichen. Lass uns gleich mit einigen Missverständnissen in puncto sinnvolles Leben aufräumen. Eines vorweg, wir schauen in diesem Kapitel nicht mit einem philosophischen Blick auf die Frage nach dem allgemeinen Sinn im Leben, sondern aus einer ressourcenorientierten Sichtweise. Mit der Diskussion der Frage im philosophischen Sinne haben bereits große Denkerinnen viele Bücher gefüllt. Doch darum soll es hier jetzt nicht gehen. Wir wollen auf den folgenden Seiten ganz konkret darauf schauen, was der Sinn in *deinem* Leben sein kann. Wie es dir gelingen kann, dein Leben als sinnvoll, wertvoll, zufriedenstellend, erfüllend und gelingend zu erleben.

»DER SINN DEINES LEBENS« – DIE FÜNF HÄUFIGSTEN MISSVERSTÄNDNISSE

In Gesprächen mit Menschen begegnen mir viele Fragen und auch Missverständnisse rund um das Thema »Sinn.« Mit den häufigsten Missverständnissen möchte ich jetzt aufräumen:

MISSVERSTÄNDNIS 1: SINN IST ETWAS, DAS DU FINDEN MUSST

Viele Menschen glauben, dass sie den Sinn ihres Lebens finden können wie ein fehlendes Puzzlestück. Wenn sie nur lange genug danach suchen, dann werden sie es schon irgendwann finden. Und wenn sie es bislang noch nicht gefunden haben, dann liegt das daran, dass sie sich bei der Suche noch nicht genug angestrengt haben oder einfach noch nicht lange genug gesucht haben. Dabei ist Sinn nicht etwas, was du finden musst, sondern etwas, das du durch dein Handeln aus dir selbst heraus gestaltest. Es geht also nicht darum, das fehlende Puzzlestück zu suchen, sondern vielmehr um die Erschaffung des gesamten Puzzles und seiner Bedeutung. Oder anders ausgedrückt, du musst nicht einen bereits existierenden, geheimen Code entschlüsseln, sondern Sinn ist eher wie das Entwickeln eines individuellen Codes für dein eigenes Leben.

Sinn ist eine Zuschreibung, das bedeutet, dass etwas durch deine Zuschreibung und Bewertung entweder sinnvoll oder sinnlos wird. Etwas ist dann sinnvoll, wenn du es für sinnvoll hältst. Und etwas ist dann sinnlos, wenn du darin keinen Sinn erkennen kannst. Meine Beurteilung der gleichen Dinge kann aber ganz anders ausfallen. Jeder von uns gestaltet das gelungene Leben letztendlich auf die eigene Art und Weise. Hier einige Beispiele für dich:

- Tobias findet Reisen sinnvoll, um neue Kulturen zu entdecken und seinen Horizont zu erweitern. Florian sieht Reisen als sinnlos an, weil er keinen Wert in der Erkundung fremder Orte sieht, es für ihn rausgeschmissenes Geld ist und er lieber in seiner vertrauten Umgebung bleibt.
- Marie betrachtet Überstunden als sinnvoll, da sie ihr die Gelegenheit bieten, ihre beruflichen Ziele zu erreichen und ihr Engagement unter Beweis zu stellen. Susanne findet Überstunden sinnlos, weil sie keine Produktivitätssteigerung wahrnimmt, wenn sie mehr Stunden in der Arbeit »absitzt« und es für sie sinnvoller ist, die Zeit stattdessen mit ihren Kindern zu verbringen.
- Tina fühlt sich von ihrem Job als Zahnärztin erfüllt, weil sie durch ihn das Lächeln und die Lebensqualität ihrer Patientinnen verbessern und einen Beitrag zu ihrer allgemeinen Gesundheit leisten kann. Birgit sieht in ihrem Job als Zahnärztin immer weniger Sinn, weil sie sich von monotonen und repetitiven Aufgaben überwältigt fühlt.
- Leon empfindet seinen Job als Straßenbauarbeiter als sinnvoll, weil er durch seine Arbeit zur Entwicklung und Verbesserung der Infrastruktur beitragen kann. Jacob findet keine Erfüllung in seinem Job als Straßenbauarbeiter, weil er keine beruflichen Perspektiven sieht und für diese anstrengende Arbeit zu wenig Wertschätzung erhält.

Du siehst also, die Definition von Sinn ist eine höchst individuelle Angelegenheit. Alles kann sinnvoll oder sinnlos sein – je nachdem welche Perspektive du einnimmst und welche Zuschreibung du wählst. Mir ist an dieser Stelle wichtig zu betonen, dass die Anerkennung von subjektivem Sinn in verschiedenen Lebensbereichen nicht bedeuten soll, dass jede Handlung oder Überzeugung auch ethisch oder moralisch gerechtfertigt ist. Ein extremes Beispiel ist, wenn jemand Sinn darin sieht, andere Menschen zu töten. Ethik, Moral und rechtliche Rahmenbedingungen bleiben natürlich unverzichtbare

Maßstäbe für die Beurteilung von Handlungen und Überzeugungen, auch wenn individuelle Perspektiven auf Sinn variieren können.

MERKE DIR:

Der Sinn deines Lebens ist keine verlorene Spur, die du finden musst, sondern etwas, das du aktiv gestalten kannst. Sinn ist individuell und wird durch deine Zuschreibung und Bewertung geformt – etwas ist sinnvoll, wenn du es als solches betrachtest. Der Sinn deines Lebens ist, deinem Leben einen Sinn zu geben.

MISSVERSTÄNDNIS 2: NUR WELTBEWEGENDE VERÄNDERUNGEN VERLEIHEN DEINEM LEBEN SINN

Wie zu Beginn dieses Kapitels beschrieben, ist es leicht, dich von der Vorstellung täuschen zu lassen, dass du den Sinn deines Lebens nur dann erreichen kannst, wenn du etwas Großes und Weltveränderndes vollbringst. Doch der Sinn existiert genauso in den kleinen, alltäglichen Momenten. Der freundliche Austausch mit einer Fremden, ein Lächeln für jemanden, der es braucht, oder die Unterstützung einer Freundin in schwierigen Zeiten sind genauso wertvoll wie groß angelegte Aktionen. Lass dich nicht von unrealistischen Erwartungen stressen und passe sie gegebenenfalls an.

Oft sind es gerade die kleinen Handlungen, die eine tiefgreifende Wirkung auf das eigene Leben und das Leben anderer haben. Es geht nicht darum, die Welt zu retten, sondern darum, durch authentische und positive Beiträge einen Unterschied zu machen, sei er auch noch so klein. Der Sinn des Lebens liegt nicht nur in den Gipfeln der Erfolge, sondern auch in der Alltäglichkeit. Indem du dich von dem Druck befreist, ständig Großartiges zu leisten, kannst du den Sinn in den kleinen, unscheinbaren Momenten des Lebens entdecken. Ein erfüllendes Leben besteht aus einer Vielzahl von Erfahrungen, und es ist wichtig, die kleinen Freuden und Beiträge wertzuschätzen, die oft übersehen werden, wenn wir uns ausschließlich auf große Ziele konzentrieren. Dem Thema Ziele widmen wir uns auch noch ganz ausführlich im nächsten Kapitel.

Im Kleinen geht es darum, dass du dir bewusst machst, wie deine alltäglichen Tätigkeiten anderen Menschen zugutekommen. Was der Beitrag ist, den du leistest. Menschen wollen verstehen, wofür das gut ist, was sie machen. Welchem Zweck oder größerem Ziel es dient. Wenn du jemand bist, der Führungsverantwortung im Job hat, dann kannst du zum Beispiel damit beginnen, deinen Mitarbeiterinnen klar zu kommunizieren, welcher Wert in ihrer Arbeit liegt und was durch ihre Arbeit möglich wird. Umgekehrt, wenn du das von deiner Arbeitgeberin nicht entsprechend gesagt bekommst, kannst du erstens gezielt danach fragen und zweitens dir deinen Beitrag zum großen Ganzen selbst gestalten, wie wir es bereits im vorigen Abschnitt besprochen haben. Und natürlich gibt es auch (berufliche) Situationen, in denen du deine Handlungen tatsächlich als sinnlos und wertlos erlebst. Das kann unter anderem daran liegen, dass von dir verlangt wird, nicht im Einklang mit deinen Werten zu handeln. Wie du entsprechend deiner Werte leben kannst, werden wir uns im Laufe des Kapitels noch genau anschauen.

MERKE DIR:

Es ist nicht notwendig, weltbewegende Veränderungen herbeizuführen, um deinem Leben Sinn zu verleihen. Der Sinn kann in kleinen, alltäglichen Handlungen genauso liegen – sei es durch Freundlichkeit, Unterstützung für andere oder das Teilen von Freude. Du musst nicht die Welt retten, um dein Leben als erfüllend zu empfinden.

MISSVERSTÄNDNIS 3: EIN SINNVOLLES LEBEN IST EIN LEICHTES LEBEN

Erinnere dich an den Anfang dieses Buches, als ich dir den Unterschied zwischen Wohlfühlglück und Werteglück erklärt habe. Wie du wahrscheinlich schon vermutest, zahlt alles, was wir hier in diesem Kapitel besprechen, hauptsächlich auf dein Werteglück ein. Werteglück zu erfahren, heißt nicht, dass es immer leicht ist. Erfüllung und Sinn zu erfahren, wenn wir uns ausschließlich amüsieren, ist kaum möglich. Auch in meinen Job-Glück-Coachings erlebe ich Menschen, die der Meinung sind, dass sie nur ihre Bestimmung zu finden brauchen und dann flutscht der Weg zu ihrem Ziel von ganz allein. Sie glauben, wenn sie ihre Bestimmung leben, dann sind sie immer motiviert, dann ist immer alles leicht und dann werden sie auf jeden Fall erfolgreich sein. Und kaum treffen sie auf die erste Hürde oder Schwierigkeit, denken sie fälschlicherweise: »Oh, hier wird es jetzt unangenehm und anstrengend, das heißt also, dass das doch nicht meine Bestimmung sein kann. Da muss ich wohl weitersuchen.«

Ein häufiges Missverständnis besteht also darin anzunehmen, dass ein sinnvolles Leben zwangsläufig einfach und problemfrei sein muss. Die Realität zeigt jedoch, dass das Leben seine Höhen und Tiefen hat, und der Sinn nicht darin liegt, Schwierigkeiten zu vermeiden, sondern in der Art und Weise, wie wir mit ihnen umgehen. Schwierigkeiten gehören zum Leben dazu, sie sind Teil unseres Menschseins, wie wir uns schon beim Selbstmitgefühl angeschaut haben. Wenn dein Leben gerade schwer ist, dann bedeutet das nicht zwangsläufig, dass es sinnlos ist. Ich sehe es zum Beispiel als sinnvoll an, meinen Sohn in seinem Heranwachsen begleiten zu dürfen. Und das ist phasenweise richtig anstrengend, (über-)fordernd und nervenstrapazierend.

Es gibt oft den Gedanken, dass ein erfüllendes Leben nur dann möglich ist, wenn alles glattläuft und sämtliche Herausforderungen vermieden werden. Doch die Wahrheit ist, dass gerade die Überwindung von Schwierigkeiten und das Lernen aus Rückschlägen oft zu den tiefgreifendsten Erfahrungen führen. Ein sinnvolles Leben bedeutet nicht, ständig von Herausforderungen verschont zu bleiben, sondern die Fähigkeit zu entwickeln, mit ihnen umzugehen und daran zu wachsen.

MERKE DIR:

Ein sinnvolles Leben ist nicht gleichzusetzen mit einem leichten Leben und umgekehrt muss ein leichtes Leben natürlich auch kein sinnloses Leben sein. Es gibt einen Unterschied zwischen einem erfüllten Leben und einem glücklichen Leben im hedonistischen Sinne. Schwierigkeiten gehören zum Menschsein dazu, und der Sinn liegt nicht darin, sie zu vermeiden, sondern darin, wie wir mit ihnen umgehen.

MISSVERSTÄNDNIS 4: NUR DURCH NACHDENKEN FINDEN WIR SINN

Im Gegenteil: Sinn hat eine ganz starke Handlungskomponente. Sinn entsteht durchs Tun. Den Sinn können wir uns nicht herbeiwünschen. Genauso wie wir uns auch keine Flow-Zustände einfach herbei zaubern können. Flow erfährst du zum Beispiel dann, wenn du handelst und deine Signaturstärken einsetzt, wie du seit dem Stärkenkapitel weißt. Genauso entsteht auch Sinn durch Tun. Dazu gehört, dass wir uns Ziele setzen, die für uns wertvoll sind, die zu unserer persönlichen Philosophie passen und dass wir auf dem Weg zum Ziel unsere Werte in die Umsetzung bringen. Und dass wir merken: »Hey, cool, es gelingt mir, den Weg zum Ziel zu gehen.« Dieses Gelingen macht für uns Sinn. Genau hier kann sich aber auch eine Abwärtsspirale auftun, wenn Menschen eben nicht mehr ins Handeln kommen und eine fehlende Motivation haben, weil sinnvolle Ziele fehlen. Vielleicht warst du auch schon mal in einer schwierigen Phase in deinem Leben, in der du dir gedacht hast »Was hat das alles noch für einen Sinn?« Das Paradoxe ist: Gerade, wenn Menschen denken »Das hat doch alles keinen Sinn mehr. Es bringt nichts in die Handlung zu gehen, es hat doch eh alles keinen Sinn ...«, braucht es einen neuen Handlungsimpuls, um den Sinn wiederzuentdecken. Im Handeln spüren wir den Sinn.

Und diesen Handlungsimpuls bekommen wir am einfachsten über die Frage: »Was macht mir Freude? Wofür begeistere ich mich?« Es geht darum, die Freude und Begeisterung als Wegweiser zu nutzen, um sich wieder in die Handlung zu begeben und Sinn zu erleben. Selbst wenn es anfangs klein und bedeutungslos erscheint, können diese kleinen Handlungsimpulse einen dominoartigen Effekt haben und dazu beitragen, einen Sinn im Tun zu entdecken. Diesen Dominoeffekt, die Aufwärtsspirale durch gute Gefühle, haben wir uns im Kapitel *Die Kraft positiver Gefühle* bereits detailliert angeschaut.

MERKE DIR:

Sinn hat eine starke Handlungskomponente und entsteht durch konkretes Tun. Es geht nicht nur um Reflexion, sondern vor allem um das Umsetzen deiner Werte in die Praxis. Ein sinnvolles Leben ist somit nicht nur das Ergebnis von Gedanken, sondern vor allem von Taten.

MISSVERSTÄNDNIS 5: SINN IST ETWAS STATISCHES

Sinn in deinem Leben entsteht nicht dadurch, dass du einmal eine Erkenntnis hast und ab dann ist dir plötzlich alles klar. Dein Lebensinhalt und dein Sinn können sich verändern. Was deinem Leben Sinn gibt, ist keine Frage, die du einmalig für dich klärst, sondern kann sich im Lauf der Zeit verändern, weil auch du dich veränderst. Durch dein Umfeld und die Erfahrungen, die du machst, verändern sich deine Ansichten, Einstellungen und Werte. In verschiedenen Lebensphasen hast du verschiedene Prioritäten und legst Wert auf andere Dinge. Wenn du jung bist, könntest du zum Beispiel Sinn darin sehen, die Welt zu bereisen und nächtelang zu arbeiten, um dir etwas aufzubauen. Vielleicht gründest du später eine Familie und legst in dieser Phase mehr Wert auf die Sicherheit und das Wohlergehen deiner Kinder. Später im Leben, wenn die Kinder erwachsen sind und eigene Wege gehen, könntest du erneut eine Veränderung in deiner Sinngestaltung erleben.

Diese Dynamik des Wandels bedeutet nicht, dass du keine dauerhafte Richtung oder Bedeutung finden kannst. Im Gegenteil, sie lädt dazu ein, flexibel auf die Veränderungen des Lebens zu reagieren. Erlaube dir, im Lauf der Zeit verschiedene Aspekte deines Lebens zu entdecken und anzunehmen, die Sinn und Erfüllung bringen können.

MERKE DIR:

Sinn zu gestalten ist ein dynamischer Prozess und nicht etwas Statisches, das einmal gefunden und dann für immer festgelegt wird.

Wenn wir jetzt konkret schauen, was für uns Sinn macht, dann kann das einerseits zukunftsgerichtet und andererseits vergangenheitsgerichtet sein. Im Englischen wird diese Unterscheidung auch sprachlich deutlich, während wir im Deutschen nur ein Wort für Sinn haben:

- **Meaning** auf Englisch meint Sinn im Sinne von Bedeutung. Die Suche nach Bedeutung neigt dazu, sich auf Erfahrungen und Ereignisse in der Vergangenheit zu beziehen. Wenn du dich zum Beispiel fragst: »Warum ist das passiert?«, »Warum habe ich so gehandelt und nicht anders?«, dann suchst du nach einer Bedeutung in der Vergangenheit.
- **Purpose** auf Englisch lässt sich am besten mit Bestimmung oder Berufung übersetzen. Dahinter liegt die Frage nach dem Zweck in der Zukunft »Wozu mache ich das?«, die ein positives Zukunftsbild generiert. Hier geht es darum, Ziele und Absichten für die Zukunft zu setzen und danach zu streben.

Natürlich ist diese Unterscheidung nicht absolut und es gibt Überschneidungen zwischen Meaning und Purpose. Wir schauen uns nun zuerst an, wie du Bedeutung und Sinn in deinem Leben aus deinen vergangenen Erfahrungen ableiten kannst und danach, wie du deine Werte zukünftig in die Umsetzung bringst.

VERSTEHE DEIN LEBEN RÜCKWÄRTS

Seit jeher versucht unsere Spezies, Zusammenhänge zu finden und ihre Beobachtungen sowie Erlebnisse in sinnvolle Erzählungen zu integrieren. Gleiches tun wir mit unserem eigenen Leben, indem wir unsere Gefühle und Erfahrungen zu einer kohärenten Geschichte formen, die wir uns selbst und anderen erzählen – unsere Lebensgeschichte. Der Psychologe Dan McAdams hat über 30 Jahre lang solche Lebensgeschichten erforscht und bezeichnet den Prozess als narrative Identitätskonstruktion. Menschen interpretieren die Schlüsselereignisse ihres Lebens so, dass sie sich zu einer sinnvollen Erzählung fügen. Er fand heraus, dass Menschen ihr Leben in der Draufschau besonders dann als erfüllt empfanden, wenn sie es als Erlösungsgeschichte erzählen konnten. Das heißt, schwierige oder schreckliche Dinge, die passiert sind, können wie die Probleme und Hindernisse in einer Abenteuergeschichte dazu beitragen, dass am Ende etwas Gutes passiert. Auch wenn die Auflösung zum Guten die schwierige Zeit rückwirkend nicht besser macht, gibt es ihr rückblickend zumindest einen Grund oder einen Sinn. McAdams bemerkte auch, dass Menschen nach schlechten Erfahrungen dazu neigen, positive Erlebnisse mehr zu schätzen und dankbarer dafür zu sein. Ich finde das sehr spannende Erkenntnisse, weil du es in der Hand hast, wie du deine Erfahrungen aus der Vergangenheit beurteilst, einordnest und in welchen Kontext du sie setzt.

Jeder von uns hat schon mal eine Lebenskrise durchgemacht. Sinn- beziehungsweise Lebenskrisen können ganz klein sein oder auch sehr groß, wenn du eine besonders belastende Erfahrung gemacht hast. Uns allen sind schon schreckliche Dinge passiert oder Träume, die wir hatten, sind nicht so aufgegangen, wie wir es uns gewünscht hätten. Vielleicht hast du:

- Eine Scheidung oder Trennung durchgemacht
- Deinen Arbeitsplatz verloren
- Nicht den Studienplatz / die Wohnung / den Job / den Partner oder die Partnerin deiner Wahl bekommen
- Einen geliebten Menschen verloren
- Eine Krankheit bekommen
- Sexuelle oder psychische Gewalt erlebt
- Deinen Kinderwunsch aufgeben müssen
- Eine Mobbingerfahrung gemacht

Die Geschichten unseres Lebens können uns nun dabei helfen, unsere eigene Identität zu definieren, das heißt zu verstehen, wer wir sind und warum wir so geworden sind. Indem du die einzelnen Bestandteile deines Lebens, die guten wie die schlechten, zusammenfügst, entsteht ein schlüssiges Ganzes. So wird es möglich, auf deine Erfahrungen zurückzublicken und einen Sinn darin zu erkennen: »Wofür hat das, was ich da erlebt habe, Sinn gemacht?« Du bist die Erzählerin deiner Lebensgeschichte. Du hast die Macht, die Ereignisse deines Lebens zu einem sinnvollen und positiven Narrativ zu verknüpfen. Das Einordnen und Reflektieren deiner Erfahrungen ist ein aktiver Prozess und solange du das nicht machst, bleiben Ereignisse erst mal sinnlos. Zwei Menschen können das Gleiche erleben, aber eine komplett andere »Geschichte« darüber erzählen. Nehmen wir als Beispiel Emma und Alma, die beide viele Jahre in derselben Firma arbeiteten und dann gekündigt wurden. Ihre Erfahrungen nach der Kündigung könnten nicht unterschiedlicher sein:

Nachdem Emma den ersten Schock nach der Kündigung überwunden hatte, entschied sie, die Situation als Chance zu betrachten. Sie nutzte die freie Zeit, um ihre Fähigkeiten weiterzuentwickeln und sich beruflich neu zu orientieren. Emma begann, sich für Weiterbildungen anzumelden und neue berufliche Möglichkeiten zu erkunden. Sie sah die Kündigung als Wendepunkt und als Gelegenheit, sich in einem Bereich zu engagieren, der ihren Leidenschaften und Interessen noch besser entsprach. Mit der Zeit entwickelte sie eine positive Perspektive und konnte auf die Kündigungserfahrung als einen entscheidenden Moment zurückblicken, der zu persönlichem Wachstum geführt hatte. Heute würde sie darüber sagen: »Die Kündigung war ein Anstoß, mir darüber klar zu werden, was meine Stärken sind und wie ich sie beruflich am besten nutzen kann. Ohne sie hätte ich mich vielleicht nie selbstständig gemacht, sondern würde weiter vor mich hinarbeiten.«

Im Gegensatz dazu sah Alma die Kündigung als einen herben Rückschlag an. Sie fühlte sich entmutigt und verlor den Glauben an ihre beruflichen Fähigkeiten. Anstatt die Gelegenheit zu nutzen, um sich neu zu positionieren, verharrte Alma in einer Phase der Frustration und Resignation. Sie konnte nicht über das Negative hinwegsehen und war davon überzeugt, dass die Kündigung ihr berufliches Schicksal besiegelt hatte. Die Erfahrung führte bei Alma zu einem Gefühl der Niederlage und einer pessimistischen Sicht auf die Zukunft. Heute würde sie darüber sagen: »Die Kündigung war eine schwierige Zeit für mich, die meine Selbstzweifel verstärkt hat. Sie ist der Grund, warum ich mir beruflich wenig zutraue.«

Du siehst also, Geschichten über unser Leben sind etwas, das wir konstruieren und nicht etwas, das in den Dingen liegt. Mit den Beispielen wollte ich dir die Bedeutung der individuellen Perspektive und der Macht, die wir haben, unsere Lebensgeschichte entsprechend zu gestalten, deutlich machen. Du kannst Lebensereignisse als Veränderung vom Guten hin zum Schlechten deuten oder du erzählst eine Geschichte darüber, wie du Hindernisse überwunden hast und daran gewachsen bist.

Menschen, die ihr Leben als sinnerfüllt empfinden, erzählen Geschichten, in denen es über innere Wandlung, persönliche Weiterentwicklung, Tatkraft, Zusammenhalt und Liebe geht. Dadurch schaffen sie sich eine positive Identität: Sie haben ihr Leben im Griff, machen Fortschritte, entwickeln sich weiter und haben die innere Gewissheit, dass schwierige Phasen schlussendlich zu einem guten Ergebnis führen. Menschen, die ihr Leben als wenig sinnerfüllt empfinden, erzählen hingegen Geschichten über ihr Leben, in denen etwas schiefgegangen ist oder in denen sie das Gefühl hatten, dass die Dinge gegen sie arbeiten. Diese Geschichten können von Enttäuschungen, Rückschlägen und unüberwindbaren Hindernissen geprägt sein.

Die Macht, die wir haben, unsere Lebenserfahrungen zu interpretieren und zu gestalten, beeinflusst nicht nur unsere Sicht auf die Vergangenheit, sondern formt auch unsere Einstellung gegenüber der Zukunft. Menschen, die ihre Lebensgeschichte positiv konstruieren, finden oft Sinn und Erfüllung in den Herausforderungen, die das Leben mit sich bringt. Sie betonen die Bewältigung von Schwierigkeiten, persönliches Wachstum und die Unterstützung von anderen in ihren Geschichten. Umgekehrt neigen Menschen, die ihre Lebensgeschichte als weniger sinnerfüllt empfinden, dazu, sich auf die negativen Aspekte zu fokussieren und Schwierigkeiten als unüberwindbar zu sehen. Hier zeigt sich erneut, dass die Art, wie wir unsere Geschichte erzählen, die Wahrnehmung unseres Lebens und unser Selbstbild maßgeblich beeinflusst. Als Coachin ist es eine meiner Aufgaben, die Geschichten meiner Kundinnen in einen neuen konstruktiven Kontext zu setzen, wenn es nötig ist. Es gibt immer unterschiedliche Perspektiven, aus denen wir Lebensereignisse betrachten können. Ich möchte nun auch dich einladen, mit einem frischen Blick auf deine Vergangenheit zu schauen, die Ereignisse in deinem Leben in einem anderen Zusammenhang zu sehen und vielleicht etwas zu erkennen, das dir bislang entgangen ist.

ÜBUNG:
ERSTELLE UND INTERPRETIERE DEINE LEBENSLINIE

Jeder Mensch hatte glücklichere und weniger glückliche Zeiten und Abschnitte im Leben. Die Geschichten, die du über dein Leben erzählst, zeigen, wie du dich selbst siehst und wie du die Entwicklungen deutest, die dein Leben genommen haben. Lass uns nun einerseits darauf schauen, wie du Krisenzeiten überwunden hast und dich dadurch weiterentwickelt hast. Und lass uns andererseits herausfinden, was deine glücklichen Zeiten miteinander gemeinsam haben. Oft verstecken sich darin schon persönliche Glücksstrategien für dich. Falls der Blick in deine Vergangenheit für dich gerade, aus welchem Grund auch immer, zu schmerzlich scheint, dann überspringe diese Übung.

Für die Übung malst du dir auf ein Blatt Papier zwei Achsen. Vertikal verläuft die Zufriedenheitsachse, horizontal die Zeitachse deines Lebens. Die Zufriedenheitsachse steht für dein Zufriedenheitsniveau, die Zeitachse für den Zeitverlauf deines Lebens. Das linke Ende der Zeitachse steht für deine Geburt, ihr rechtes Ende stellt die Gegenwart dar. Markiere zunächst auf der Zeitachse Altersschritte, beispielsweise Zehner oder Fünferschritte, oder wichtige Abschnitte in deinem Leben, wie etwa Schulzeit, Studium, erster Job, zweiter Job, Beziehung mit XY und so weiter, damit du eine grobe Orientierung hast. Nun zeichnest du mit einem farbigen Stift deine persönliche Glückslinie beziehungsweise Glückskurve zwischen den beiden Achsen ein, beginnend bei deiner Geburt bis hin zur Gegenwart. Je zufriedener/glücklicher du zu diesem Zeitpunkt deines Lebens warst, desto höher schlägt die Linie nach oben aus, und umgekehrt nach unten, wenn du zu dieser Zeit weniger zufrieden und glücklich warst. Falls du für deine Glückslinie gerne mehr Platz hättest als ein A4- oder A3-Blatt, dann kannst du dir zum Beispiel ein Packpapier oder einen großen Karton nehmen.

Anhand deiner Glückslinie solltest du jetzt die Höhen und Tiefen deines Lebens vor dir sehen können. Nun werten wir deine Linie aus. In welchen Phasen deines Lebens ging es dir besonders gut? Markiere die wichtigsten positiven Abschnitte. Auch wenn dir dein Leben als Gesamtes nicht so toll vorkommt, wird es Phasen geben, in denen du zufriedener und glücklicher warst als in anderen. Notiere dir, was diese Phasen ausgezeichnet hat. Du kannst zusätzlich auch direkt in deine Glückslinie kurze Kommentare schreiben, zum Beispiel: erste Liebe, aufregende Studienzeit, meine Stärken im Job gut eingesetzt, neue Freunde gewonnen, sportlich sehr aktiv und so weiter. Analysiere die glücklichen Phasen in deinem Leben nun noch einmal ganz genau. Welche Gemeinsamkeiten erkennst du? Was haben die glücklichen Phasen in deinem Leben miteinander gemeinsam? Gibt es gewisse Faktoren, Umstände, Tätigkeiten, die sich in den zufriedenen und glücklichen Phasen wiederholen? Aus diesen Erkenntnissen kannst du wertvolle Glücksstrategien für dein jetziges Leben ableiten. Manchmal vergessen wir Glücksstrategien durch eine Tiefphase wieder, die wir bereits für uns entdeckt hatten. Vielleicht gab es glückliche Phasen, in denen du öfter draußen in der Natur warst, sehr viel Zeit mit deinen Freundinnen verbracht hast oder deine Stärken im Job täglich einsetzen konntest. An diese Glücksfaktoren kannst du dich wieder erinnern und sie aktiv im Hier und Jetzt einsetzen oder dich darum bemühen, sie wiederzuerlangen.

Schreibe jetzt mindestens drei Glücksstrategien oder Glücksfaktoren auf:

1. ______________________________

2. ______________________________

3. ______________________________

4. ______________________________

Jetzt schaue bitte einmal ganz bewusst auf die weniger glücklichen und schwierigen Phasen. Hier interessiert uns besonders, wie du aus Tiefphasen wieder rausgekommen bist. Was hast du in den Krisenzeiten über dich gelernt? Wie bist du daran gewachsen? Was hast du dadurch für dich erkannt oder verstanden? Welche Ressourcen (zum Beispiel deine Willensstärke, dein Durchhaltevermögen, gewisse Menschen und so weiter) haben dir dabei geholfen, die Krise zu überwinden? Was konkret hast du zu den Umschwüngen von Tiefs auf Hochs beigetragen? Diese Übung soll dir Mut und Motivation schenken und deine Selbstwirksamkeit stärken. Wenn es dir schon mal gelungen ist, zufrieden(er) in deinem Leben zu sein und Tiefphasen zu überwinden, dann wird es dir wieder gelingen.

Schreibe jetzt mindestens drei unterstützende Strategien auf, die in schwierigen Zeiten für dich hilfreich waren:

1. ______________________________

2. ______________________________

3. ______________________________

4. ______________________________

5. ______________________________

MERKE DIR:

Du kannst selbst entscheiden, wie du deine Lebensgeschichte erzählen möchtest. Indem du deine Erlebnisse verstehst, einordnest und sie in einen neuen Kontext setzt, kannst du daran wachsen. Das schenkt dir Sinn. Du kannst dadurch erkennen, wie dich deine »Lebens-Narben« im positiven Sinne zu dem Menschen gemacht haben, der du heute bist.

ENTDECKE UND LEBE DEINE WERTE

Ich hoffe, es hat dir gutgetan, mit einer neuen Perspektive auf deine Vergangenheit zu schauen, Zusammenhänge zu erkennen und deine Erfahrungen in einem neuen Licht zu betrachten. Nun wollen wir unsere Aufmerksamkeit zukunftsgerichtet auf dein persönliches »Wozu?« richten. Dabei spielen deine Werte eine entscheidende Rolle. Deine Werte dienen dir als Anker für deine persönlichen Ziele und deine Motivation. Wenn du Ziele hast, die mit deinen Werten übereinstimmen, dann wirst du nicht nur motivierter, engagierter und erfolgreicher sein, sondern du wirst dich auch zufriedener und wohler fühlen. Das liegt daran, dass sich ein Leben im Einklang mit deinen Werten stimmig und authentisch anfühlt. In der Psychologie sagen wir »kohärent« dazu – es passt einfach zusammen und ergibt Sinn.

Werte sind dabei sogenannte »Sein-Ziele«. Es geht um die Frage »Welcher Mensch möchte ich sein?« – »Sein-Ziele« konzentrieren sich darauf, was für ein Mensch du sein möchtest und welche Werte du kultivieren möchtest. Hingegen beziehen sich »Haben-Ziele« auf materielle Besitztümer, berufliche Erfolge oder äußere Anerkennung. Zum Beispiel könnten »Sein-Ziele« beinhalten, geduldiger, mitfühlender, großzügiger oder mutiger zu sein. Es geht um persönliches Wachstum und die Entwicklung von Qualitäten, die für dich als Mensch wichtig sind. »Haben-Ziele« haben oft einen messbaren Zeitpunkt. Angenommen, du möchtest in drei Monaten zehn Kilo abnehmen, dann kannst du nach Ablauf der Zeit kontrollieren, ob du dieses Ziel erreicht hast oder nicht. Du kannst aber auch auf den Wert hinter dem Abnehm-Ziel schauen und auf die Frage »Wie will ich sein?« Das »Sein-Ziel« könnte hier zum Beispiel darauf abzielen, ein gesünderer und vitalerer Mensch zu sein.

Durch Werte kannst du dir ein neues Erfolgskriterium schaffen. Wenn du im Sinne deines Wertes »Gesundheit« gelebt hast, ist es keine Niederlage, wenn du nach drei Monaten fünf Kilo statt den vorgenommen zehn Kilo abgenommen hast, weil es sich für dich innerlich vollkommen anders anfühlt. Werte sind wie eine Richtschnur oder ein Kompass, an denen du dich immer wieder ausrichten kannst. Selbst wenn du deinen Werten mal nicht treu warst und zum Beispiel auf dem Sofa liegen geblieben bist, statt Laufen zu gehen, ist es nicht vorbei, sondern du kannst dich immer wieder aufs Neue fragen: »Welcher Wert ist hier für mich handlungsleitend?«

Zufriedenheit entsteht dann, wenn du im Sinne deiner Werte handelst – wieder und immer wieder. Du hast es in der Hand, deine Werte in deinen Handlungen zum Ausdruck zu bringen. Wir fühlen uns oft dann unzufrieden mit uns und unserem Leben, wenn wir nicht wertekonform leben und uns ständig anders verhalten, als wir gerne würden. Deswegen möchte ich dich einladen, deine persönlichen Werte zu entdecken und besser kennenzulernen. Denn wenn du dir nicht klar darüber bist, welche Werte für dich am wichtigsten sind, wird es schwierig, Entscheidungen zu treffen, die im Einklang mit deinen Werten stehen. Als Hilfestellung, um deinen Werten auf die Spur zu kommen, habe ich für dich eine Liste mit Werten zusammengestellt, die dir als Anregung dienen soll. Lese dir die folgende Werteliste in Ruhe durch und markiere jene Werte, die für dich eine besondere Bedeutung haben – ganz unabhängig davon, ob du diese Werte bereits lebst oder noch nicht. Ergänze die Liste, falls dir Werte fehlen. Bevor du loslegst, noch eine kleine Erinnerung: Wähle nur Werte aus, die wirklich wichtig für dich sind. Es geht nicht darum, ob andere Menschen diesen Wert auch teilen oder um Werte, von denen du glaubst, sie haben zu müssen, »weil sich das so gehört«. Wie du bereits weißt, geht es darum, zu werden, wer du bist. Es gibt keine besseren und schlechteren Werte. Du bestimmst, was für dich und dein Leben wertvoll ist!

Ein kleiner Tipp: Oft spüren wir unsere Werte am stärksten, wenn sie verletzt werden. Denke an eine Situation, in der du gekränkt oder enttäuscht warst. Welcher deiner Werte steckt dahinter? Oder andersrum: Denke an eine Situation, die du bedauerst, wo du bereust, etwas nicht gesagt oder getan zu haben. Welcher Wert steckt dahinter?

Abenteuer
Achtsamkeit
Aktivität
Akzeptanz
Anerkennung
Ästhetik
Ausdauer
Ausgeglichenheit
Authentizität
Balance
Begeisterung
Beharrlichkeit
Bescheidenheit
Besonnenheit
Beständigkeit
Charisma
Dankbarkeit
Demut
Disziplin
Durchsetzungskraft
Effektivität
Effizienz
Ehrlichkeit
Ehre
Einfachheit
Einfluss
Einzigartigkeit
Empathie
Engagement
Entdeckergeist
Entschlossenheit
Erholung
Ernsthaftigkeit
Fairness
Familie
Fleiß
Flexibilität
Freiheit
Frieden
Freude
Freundlichkeit
Freundschaft
Herzlichkeit
Hingabe
Hilfsbereitschaft
Hoffnung
Höflichkeit
Humor
Idealismus
Individualität
Innovation
Integrität
Integration
Intelligenz

Interesse ....
Intimität ....
Intuition ....
Kampfgeist ....
Klarheit ....
Konsequenz ....
Kontrolle ....
Kompetenz ....
Kooperation ....
Kraft ....
Kreativität ....
Kritikfähigkeit ....
Kultur ....
Lässigkeit ....
Natur ....
Natürlichkeit ....
Neugier ....
Offenheit ....
Optimismus ....
Ordnung ....
Perfektion ....
Persönlichkeit ....
Pflichtgefühl ....
Fantasie ....
Präsenz ....
Pragmatismus ....
Präzision ....
Prestige ....
Professionalität ....
Pünktlichkeit ....
Reichtum ....
Respekt ....
Rücksicht ....
Ruhe ....
Ruhm ....
Sanftmut ....
Sauberkeit ....
Selbstbestimmung ....
Selbstdisziplin ....
Selbstregulation ....
Tatkraft ....
Teamfähigkeit ....
Teilen ....
Toleranz ....
Tradition ....
Transparenz ....
Treue ....
Tüchtigkeit ....
Unabhängigkeit ....
Verantwortung ....
Verbundenheit ....
Vergebung ....
Vergnügen ....
Verlässlichkeit ....
Vertrauen ....
Vitalität ....
Wahrheit ....
Weisheit ....
Weiterentwicklung ....
Wertschätzung ....
Wissen ....
Würde ....
Zärtlichkeit ....
Zugehörigkeit ....
Zuverlässigkeit ....
Zuversicht ....

Wähle jetzt deine zehn wichtigsten Werte aus, unabhängig davon, ob und wie stark sie derzeit bereits Erfüllung finden. Es geht darum herauszufinden, was dir in deinem Leben am wichtigsten ist. Um zu überprüfen, ob du bei einem stimmigen Werteset für dich angekommen bist, kannst du dir vorstellen, dass du einem dir wohlgesonnenen Menschen davon erzählst. Wenn du Freude dabei spürst, einem Menschen, der dir wichtig ist, zu zeigen, was dir wertvoll ist, dann ist dies ein starkes Anzeichen dafür, dass du ein stimmiges Werteset für dich gefunden hast. Wenn du Freude dabei empfindest, deine Werte mit anderen zu teilen, zeigt das, dass deine Werte authentisch und tief in dir verwurzelt sind.

Schreibe jetzt deine zehn wichtigsten Werte auf:

1. ____________________
2. ____________________
3. ____________________
4. ____________________
5. ____________________
6. ____________________
7. ____________________
8. ____________________
9. ____________________
10. ____________________

Glückwunsch, du bist einen großen Schritt weiter. Du hast deine Werte besser kennengelernt. Nun geht es darum, sie auch zu leben. In meinen Coachings mache ich immer wieder die Erfahrung, dass Menschen nicht die Werte leben, die ihnen wichtig sind. Zwischen **Werte haben** und **Werte leben** ist häufig eine große Diskrepanz. Externe Einflüsse wie gesellschaftliche Erwartungen, Druck von Familie oder Freunden sowie berufliche Anforderungen können dazu führen, dass Menschen ihre eigenen Werte vernachlässigen und stattdessen versuchen, den Erwartungen anderer gerecht zu werden. Es wird dich nicht verwundern, dass es nicht glücklich macht, vollkommen anders zu leben, als du es eigentlich möchtest. Deshalb möchte ich dich zu einer kleinen Reflexionsübung einladen, mit der du überprüfen kannst, in welchen Situationen du deine Werte vielleicht noch verletzt und wie du das verändern kannst.

REFLEXION:
BEWERTE, WIE STARK DU NACH DEINEN WERTEN LEBST

Ich lade dich ein, dir die Zeit zu nehmen und zu reflektieren, in welchen Situationen du bereits konform mit deinen Werten handelst und wo noch nicht. Nimm dir deine zehn wichtigsten Werte her und beantworte für dich folgende Fragen:

- In welchen Bereichen deines Lebens lebst du bereits im Einklang mit deinen Werten? Welche konkreten Handlungen oder Entscheidungen spiegeln deine Werte wider?
- Gibt es Situationen, in denen du merkst, dass du von deinen Werten abweichst? Was sind die Gründe dafür? Welche äußeren Einflüsse oder inneren Überzeugungen könnten dazu führen?
- Wie fühlst du dich, wenn du im Einklang mit deinen Werten handelst? Und wie fühlt es sich an, wenn du sie vernachlässigst?
- Welche konkreten Schritte kannst du unternehmen, um in den Situationen, in denen du von deinen Werten abweichst, wieder näher an diese heranzukommen?

Diese Reflexionsübung soll dir helfen, Klarheit über deine Handlungen und Entscheidungen im Hinblick auf deine Werte zu gewinnen. Indem du dir bewusst machst, in welchen Momenten du bereits deinen Werten treu bleibst und wo es noch Verbesserungspotenzial gibt, kannst du gezielt daran arbeiten, ein authentisches und erfülltes Leben zu führen.

MERKE DIR:

Werteglück ist entscheidend für ein erfülltes Leben. Sinn und Zufriedenheit erwachsen aus wertebezogenem Handeln. Lebe authentisch nach den Werten, die dir wichtig sind. »Sein-Ziele« führen zu tieferer Bedeutung und Zufriedenheit im Leben. Reflektiere regelmäßig, ob dein Handeln im Einklang mit deinen Werten steht, und passe es entsprechend an.

Ich möchte dir von Herzen dazu gratulieren, dass du dieses Kapitel durchgearbeitet hast. Du bist schon sehr weit gekommen. Denn nur die wenigsten Menschen beschäftigen sich im normalen Alltag mit dem Sinn-Thema. Und wenn sie es tun, dann meistens ausgelöst durch eine existenzielle Krise. Ich hoffe, dass nach diesem Kapitel für dich nun ein Stückchen klarer ist, was für dich sinnvoll und wertvoll ist.

A

ACCOMPLISHMENT

Fünfte Glückssäule

VERFOLGE PERSÖNLICHE ZIELE

»Das Glück deines Lebens hängt von der Beschaffenheit deiner Gedanken ab.«

Marcus Aurelius

»Brauche ich überhaupt ein Ziel im Leben?« Über diese Frage diskutiere ich häufig in meinem Freundeskreis. Ich bin bei diesen Diskussionen ja eher Fraktion »Ohne Ziel bist du verloren« und die Gegenposition meint: »Befreie dich von Wünschen und Zielen, genieße lieber den Moment.«

Vielleicht hast du dir diese Frage auch schon einmal gestellt. Und sie ist absolut berechtigt. Lass uns einmal anschauen, was Ziele-Befürworterinnen und Ziele-Gegnerinnen dazu meinen:

Ziele-Befürworterinnen argumentieren folgendermaßen:

- Ziele geben dir Motivation: Indem du dir klare Ziele setzt, hast du eine Motivation, deine Ziele zu erreichen. Du hast einen Grund, hart zu arbeiten und dich zu verbessern. Zum Beispiel, wenn du dir das Ziel setzt, eine bestimmte Karriere zu verfolgen, hast du einen klaren Grund, dich zu bemühen und zu lernen.
- Ziele helfen dir, den Fokus zu behalten: Ziele geben dir eine klare Vorstellung davon, was du erreichen willst, und halten dich auf Kurs. Du kannst dich leichter auf das konzentrieren, was wichtig ist, Ablenkungen vermeiden und gute Entscheidungen für dich treffen. Zum Beispiel, wenn du dir das Ziel setzt, fit zu bleiben, hast du eine klare Vorstellung davon, was du tun musst, um dieses Ziel zu erreichen, und kannst dich auf deine täglichen Fitnessroutinen konzentrieren.

Kurz, Ziele-Befürworterinnen meinen: Du brauchst **unbedingt** persönliche Ziele. Wenn du nicht weißt, wo du hinwillst, kommst du nirgends an – oder zumindest nicht dort, wo du sein willst. Ziele geben deinem Leben eine Richtung. Ziele motivieren und inspirieren dich. Ziele führen zum Erfolg und so weiter.

Ziele-Gegnerinnen hingegen argumentieren folgendermaßen:

- Ziele können Stress verursachen: Wenn du dir zu hohe Ziele setzt, die du nicht erreichen kannst, kann das zu Stress und Frustration führen. Du kannst dich selbst unter Druck setzen, was zu »negativen« Gefühlen führen kann. Zum Beispiel, wenn du dir das Ziel setzt, innerhalb eines Monats zehn Kilo abzunehmen, kann das unerreichbar sein und dich frustrieren.
- Ziele können dich davon abhalten, im Moment zu leben: Wenn du dich zu sehr auf deine Ziele konzentrierst, kannst du vergessen, das Leben im Hier und Jetzt zu genießen. Du kannst dich in Gedanken bereits auf das Ziel konzentrieren, anstatt die Gegenwart zu schätzen. Zum Beispiel, wenn du dich darauf konzentrierst, das nächste große Projekt zu vollenden, kannst du vergessen, den Moment zu schätzen und die kleinen Dinge im Leben zu genießen.

Kurz, Ziele-Gegnerinnen meinen: Im Leben geht es darum, im Hier und Jetzt glücklich zu sein und nicht irgendwelchen Zielen hinterherzulaufen. Mit Zielen rennst du durchs Leben wie ein Esel, der eine Karotte vor seinen Augen baumeln sieht. Kaum hast du ein Ziel erreicht, holt dich das Unglücklichsein wieder ein und du rennst dem nächsten nach.

Wer hat nun recht? Beide, denn es kommt für dein Glück und deine Zufriedenheit stark darauf an, *welche* Ziele du verfolgst. Manche Ziele machen glücklich und andere wiederum gar nicht. Auf den folgenden Seiten erfährst du, welche Fehler du beim Setzen deiner Ziele unbedingt vermeiden solltest und welche Ziele es sich zu verfolgen lohnt. Doch zunächst schauen wir uns an, warum Ziele glücklich machen.

WANN ZIELE GLÜCKLICH MACHEN, UND WANN NICHT

Die Positive Psychologie betrachtet Ziele als wichtigen Faktor für dein erfülltes und glückliches Leben. Eine klare Ausrichtung und Fokussierung auf ein Ziel können dir helfen, deine Energie und Motivation zu steigern und dein Selbstbewusstsein zu stärken, weil du deine Träume und Wünsche verwirklichst.

Ziele machen glücklich, weil sie ...

- **eine Richtung und Sinn geben:** Indem du dir Ziele setzt, gibst du deinem Leben eine klare Richtung und einen Sinn. Das kann dich zufriedener und glücklicher machen. Zum Beispiel, wenn du dir das Ziel setzt, einen bestimmten Job zu bekommen, hast du eine klare Vorstellung davon, was du erreichen willst und warum.
- **Herausforderungen darstellen:** Ziele bieten Herausforderungen, die dich motivieren und dich dazu bringen, dich selbst zu verbessern und deine Stärken einzusetzen. Wenn du das Ziel erreichst, fühlst du dich stolz und erfüllt. Wenn du dir beispielsweise das Ziel setzt, einen Marathon zu laufen, ist es notwendig, dich mental und körperlich auf die Herausforderung vorzubereiten.
- **Fortschritte bewirken:** Indem du Fortschritte bei der Verwirklichung deiner Ziele siehst, fühlst du dich erfolgreich und glücklicher. Zum Beispiel, wenn du dir das Ziel setzt, eine neue Sprache zu lernen, wirst du nach und nach Fortschritte sehen, wenn du mehr Wörter und Sätze beherrschst.
- **positive Beziehungen fördern:** Wenn du dich mit anderen Menschen zusammentust, um gemeinsame Ziele zu erreichen, kann das zu tieferen und erfüllenderen Beziehungen

führen. Zum Beispiel, wenn du und dein Partner das Ziel habt, einen gemeinsamen Urlaub zu planen, könnt ihr dabei zusammen recherchieren und gemeinsam Freude haben, wenn es ein gelungener Urlaub wird.
- **Zufriedenheit schenken:** Das Erreichen deiner Ziele kann ein Gefühl von Zufriedenheit und Glück schenken, das länger andauert als kurzfristiges Vergnügen. Zum Beispiel, wenn du dir das Ziel setzt, dein eigenes Unternehmen zu gründen, wirst du nicht nur stolz auf das erreichte Ziel sein, sondern auch zufrieden mit dem Wissen, dass du deine Träume verwirklicht hast.

Kurz gesagt, Ziele sind ein wichtiger Bestandteil unseres persönlichen Wachstums und Wohlbefindens.

MERKE DIR:

Ziele machen glücklich, weil sie unserem Leben einen Sinn und eine Richtung geben und uns Herausforderungen bieten, für die wir uns engagieren und arbeiten können. Sie bieten uns die Möglichkeit, Fortschritte zu erzielen und über uns selbst hinauszuwachsen. Ziele motivieren uns, unser Bestes zu geben und uns auf unserem Weg weiterzuentwickeln. Außerdem kann das Erreichen von Zielen ein Gefühl von Zufriedenheit und Befriedigung auslösen, was unser Glück steigern kann.

ACHTUNG ANKUNFTSFEHLER

Du kennst bereits viele Gründe, warum Ziele glücklich machen. Aber sicher hast du schon mal davon gehört, dass jemand sein Ziel erreicht hat und trotzdem unglücklich war. Vielleicht ist es dir sogar schon mal selbst passiert, dass du ewig lang auf ein

Ziel hingearbeitet hast und als du es dann erreicht hast, warst du einfach nur enttäuscht, weil das erwartete Glücksgefühl ausgeblieben ist. Dieses Phänomen, von dem viele Menschen betroffen sind, wird als »Ankunftsfehler« bezeichnet. Den Begriff hat der US-amerikanisch-israelische Glücksforscher Tal Ben-Shahar geprägt.

Der Ankunftsfehler bezieht sich auf die Idee, dass das bloße Erreichen eines Ziels automatisch zu Glück und Zufriedenheit führen wird. Oft denken wir, dass wir endlich glücklich wären, wenn wir nur den perfekten Job hätten, genug Geld oder das perfekte Aussehen. Aber leider funktioniert das nicht so, wie ich auch selbst erlebt habe. Im Studium habe ich immer hart gearbeitet, um später meinen Traumjob zu bekommen und ich war so aufgeregt, als ich ihn endlich bekam. Aber als ich anfing zu arbeiten, stellte ich fest, dass es nicht so war, wie ich es mir vorgestellt hatte. Der Job war stressig, ich musste gegen meine Werte handeln, die Stimmung im Team war mies und es gab viele Herausforderungen. Ich war enttäuscht und unglücklich.

Das ist der Ankunftsfehler. Wir denken, dass das Erreichen des Ziels das Ende des Weges ist und dass es uns glücklich machen wird. Aber in Wirklichkeit ist das Erreichen eines Ziels nur ein Meilenstein auf dem Weg. Das eigentliche Glücksgefühl entsteht beim Streben nach dem Ziel und bei dem Prozess dahinter.

Noch ein Beispiel aus meinem Leben: Ich kann mich noch so gut erinnern, als ich für die Abschlussprüfung meines Studiums gelernt habe. Ich habe mir immer ausgemalt, was das für ein riesiges Hochgefühl sein muss, wenn ich die Prüfung abgeschlossen habe und all der Stress und der Druck von mir abfallen. Und dann war es so weit: Die Prüfung war geschafft. Und was habe ich gefühlt? Erst mal gar nichts. In mir war eine riesige Leere, obwohl ich die Prüfung mit Bestnote bestanden habe. Hinzu kam, dass ich von mir selbst enttäuscht war, weil ich mich nicht so glücklich gefühlt habe, wie ich erwartet hatte. Ich bin in die typische *Wenn-Dann-Falle* getappt: *Wenn* ich die Prüfung bestanden habe, *dann* bin ich glücklicher.

Dabei habe ich dann bei meiner Reflexion festgestellt, dass ich am glücklichsten in den Tagen vor der Prüfung war. In dieser Zeit ist mir bewusst geworden, wie viel ich in den letzten Jahren gelernt habe und es hat mir Spaß gemacht, mir noch mal einen Überblick über die Themen zu verschaffen. Und generell war ich dankbar für diese tollen Studienjahre, mit Zeit im Ausland, vielen tollen Menschen, die ich kennengelernt habe und wertvollen Erfahrungen, die ich machen durfte. Das erklärt auch gleichzeitig die Leere in mir nach der Prüfung, weil diese spezielle Zeit nun zu Ende ging und mich das auch traurig gemacht hat.

Hand aufs Herz, ertappst du dich manchmal dabei, dass du dein Glück in die Zukunft verschiebst? Überprüfe einmal für dich, ob dir solche oder ähnliche Gedanken bekannt vorkommen:

- *Wenn* ich die Beförderung habe, *dann* werde ich weniger arbeiten.
- *Wenn* ich alles erledigt habe, *dann* werde ich mich entspannen.
- *Wenn* ich mein Idealgewicht habe, *dann* kann ich mich wieder wohlfühlen.
- *Wenn* ich einen Partner beziehungsweise eine Partnerin habe, *dann* werde ich glücklich sein.
- *Wenn* ich mit meinem Partner oder meiner Partnerin eine Familie gründe, *dann* werde ich richtig glücklich sein.
- *Wenn* die Kinder groß sind, *dann* kann ich mein Leben wieder genießen.
- *Wenn* ich mich von meinem Partner, meiner Partnerin getrennt habe, *dann* kann ich wieder richtig leben.
- *Wenn* ich weniger Stress habe, *dann* achte ich wieder mehr auf mich.
- *Wenn* ich diese Summe Geld verdient habe, *dann* kann ich entspannt meine Freizeit genießen.
- *Wenn* ich mal in Pension bin, *dann* habe ich endlich Zeit für alles, was ich wirklich machen will.

Diese Gedankenliste könnte ich endlos lang weiterschreiben. Das Prinzip, mit dem du dein Glück immer weiter in die Zukunft schiebst, nennt sich wie gesagt, *Wenn-Dann-Falle*. Es muss immer erst etwas eintreten, damit du dich dann glücklich fühlen kannst. Du musst immer auf ein Ziel hinarbeiten, von dem du dir das große Glück erhoffst. Das bedeutet, du knüpfst dein Glück an Bedingungen in der Zukunft. Wenn du gedanklich immer in der Zukunft bist, kannst du in der Gegenwart niemals zufrieden sein. Dann nämlich, wenn das, was du dir so lange gewünscht hast, endlich eintritt, kommt oft der Moment der großen Enttäuschung. Vielleicht ist das, was du dir ausgemalt hast, nicht ganz so umwerfend oder bringt doch nicht die große Erfüllung, sondern nur einen kurzen Glücksmoment. Das ist umso schmerzlicher und enttäuschender, da du ja die ganze Zeit bis zur Erreichung deines Zieles nicht wirklich gelebt hast. Möglicherweise hast du dafür sogar auf vieles verzichtet und eigene Bedürfnisse und Wünsche zurückgestellt. Um die Enttäuschung zu verarbeiten, beginnst du vielleicht aufs Neue, dir Dinge in der Zukunft auszumalen und zu hoffen, dass du dann endlich glücklich wirst, wenn du dieses oder jenes erreicht hast. Vielleicht stellst du irgendwann, nach vielen »Wenns« und »Danns«, auf einmal fest, dass du früher glücklicher warst. Plötzlich trauerst du der Vergangenheit nach, als du noch studiert hast und nicht verheiratet warst, keine Kinder hattest oder weniger Geld verdient hast, aber dafür auch weniger arbeiten musstest. Und du stellst fest, dass die Vergangenheit doch nicht so schlecht war, wie du ursprünglich gedacht hast. Das kann zu einem ewigen Kreislauf führen, in dem dein Glück immer von etwas abhängig bleibt, das noch gar nicht eingetroffen ist, das du noch nicht erreicht hast oder das bereits vorbei ist.

Mir ist es zu Beginn meiner Mutterschaft so gegangen. Ich habe mir immer ausgemalt, dass ein Kind zu haben *die* große Erfüllung ist und *die* ultimative Glücksquelle für mein Leben. Und dann hatte ich ein Baby und habe mir meine frühere Freiheit ohne Kind zurückgewünscht. Mir ist plötzlich klar geworden, dass ich ohne Kind gedacht habe, mein Leben ist erst »perfekt«, wenn ich Mama bin. Und als Mama habe ich mir gedacht, mein Leben war so viel freier und entspannter ohne Kind und dass ich diese frühere Freiheit gar nicht richtig zu schätzen gewusst habe. In beiden Fällen hatte ich das Gefühl, es fehlt etwas für die Vollkommenheit in meinem Leben, weil ich mit meinen Gedanken in der Zukunft beziehungsweise in der Vergangenheit war, statt die Gegenwart vollkommen zu akzeptieren und zu schätzen.

MERKE DIR:

Das Ziel ist nicht das Einzige, was unser Leben bereichert. Konzentriere dich auf den Weg zu deinem Ziel und mach das Beste daraus. Du darfst dir die Zeit nehmen, um das Leben zu genießen und dich auch auf die kleinen Dinge zu konzentrieren, die dich glücklich machen. Anstatt nur darauf zu warten und darauf hinzuarbeiten, dass du dein Ziel erreichst, genieße den Weg dorthin und freue dich darauf.

DIESE FÜNF ZIELE MACHEN NICHT GLÜCKLICH

Im Speziellen gibt es fünf Zielarten, die, selbst wenn wir sie erreichen, nicht zu unserem Wohlbefinden und unserer Zufriedenheit beitragen, sondern im Durchschnitt häufiger mit psychischen Erkrankungen wie Depressionen oder Ängsten verbunden sind. Das hat eine Gruppe von Psychologen herausgefunden. Welche Ziele du eher weniger verfolgen solltest, möchte ich dir nun zeigen.

1. Wohlstand: Du hast sicher schon oft gehört, dass Geld nicht der Schlüssel zum Glück ist, und das wird auch von der Forschung belegt. Mehr Geld als Ziel anzustreben, macht nicht glücklich. Gleichzeitig ist Geld aber ein Ziel, das sehr viele Menschen anstreben. An dieser Stelle ist es notwendig zu differenzieren. Geld spielt eine wichtige Rolle, wenn es darum geht, grundlegende Bedürfnisse und Sicherheit zu gewährleisten. Wenn du nicht weißt, wie du deine Miete zahlen, deine Grundbedürfnisse abdecken oder deine Familie ernähren sollst, schränkt das natürlich deine Lebensqualität und dein Wohlbefinden ein.

Wohlstand als Zielart meint, Geld um seiner selbst willen anzustreben, um dadurch Ruhm, Ehre, Status, Anerkennung zu erlangen, noch mehr zu besitzen und noch mehr kaufen zu können. Dafür zahlen wir in der Regel einen hohen Preis, weil wir dafür meistens Dinge zurückstellen, die wertemäßig extrem wichtig für uns sind, zum Beispiel unsere Gesundheit, unsere Familie und Kinder, Zeit mit Freundinnen oder Hobbies, die uns Spaß machen. Aus meiner Erfahrung mit meinen Coachees weiß ich, dass viele Menschen zwar finanziell erfolgreich sind, sich jedoch oft in einem Hamsterrad gefangen fühlen, in dem das Leben an ihnen vorbeizieht. Sie vernachlässigen die Dinge, die für sie wertvoll und sinnvoll sind, zugunsten eines höheren Kontostandes. In meinen Glücksworkshop erzähle ich an dieser Stelle gerne die Metapher vom Fischer und dem Geschäftsmann nach Heinrich Böll, die es für mich noch mal auf den Punkt bringt:

In einem sonnigen Fischerdorf erreicht ein Fischer mit seinem kleinen Boot den Pier nach einem erfolgreichen Fang eines großen Thunfischs. Ein im Urlaub befindlicher Unternehmensberater, der den Fischer seit einigen Tagen beobachtet hat, beglückwünscht ihn zu seinem Fang und erkundigt sich nach der Zeit, die er auf See verbracht hat. Der Fischer antwortet gelassen: »Nur ein paar Stündchen.« Verwundert fragt der Geschäftsmann: »Warum bleibst du nicht länger auf See, um mehr Fische zu fangen?« Der Fischer erwidert: »Dieser Fang reicht mir, um meine Familie für ein paar Tage zu versorgen.« Verwirrt fragt der Berater weiter: »Was machst du denn dann den Rest des Tages?« Der Fischer erklärt: »Ich fahre nach Hause. Nach dem Mittages-

sen gehe ich mit meiner Frau spazieren, halte eine Siesta ab, spiele mit meinen Kindern, und abends kommen Freunde, um den Fisch zu genießen, Wein zu trinken und über Gott und die Welt zu philosophieren. Wie du siehst, habe ich einen gut gefüllten Tag.« Der Berater schlägt vor, dass der Fischer seinen Fang optimieren könne, indem er mehr Fische fängt, diese verkauft und nach und nach ein größeres Geschäft aufbaut. Der Fischer hört geduldig zu, aber am Ende erklärt er ruhig: »Und wie lange wird das dauern?« Der Berater antwortet: »So etwa 15 bis 20 Jahre.« Der Fischer fragt weiter: »Und was ist dann?« Der Berater, euphorisch bei seinen Gedanken, sagt: »Dann kannst du dein Unternehmen verkaufen, aufhören zu arbeiten, morgens ausschlafen, zum Spaß fischen gehen und den restlichen Tag mit Familie und Freunden verbringen.« Der Fischer lächelt und sagt schlicht: »Aber genau das tue ich doch jetzt schon.«

2. Soziale Anerkennung: Ein weiteres Ziel, das oft zur Falle wird, ist das Streben nach sozialer Anerkennung. Dieses Ziel dreht sich um die Sehnsucht nach äußerlicher Bestätigung und Lob. Also all deine Handlungen, mit denen du beabsichtigst, anderen zu gefallen, um Respekt und Anerkennung von ihnen zu erhalten, damit zum Beispiel jemand zu dir sagt: »Beeindruckend, das hast du toll hinbekommen« oder »Das ist wirklich bewundernswert, ich wäre dazu nicht in der Lage«. Das Problem ist, dass du auf die Anerkennung anderer keinen direkten Einfluss hast. Selbst wenn du dich maximal anstrengst, kann es passieren, dass du nicht die gewünschte Anerkennung erhältst. Und auch, wenn du sie bekommen solltest, musst du möglicherweise ständig zusätzliche Anstrengungen unternehmen, um sicherzustellen, dass du sie nicht wieder verlierst. Du investierst viel Energie und machst dein Wohlbefinden abhängig von der Beurteilung anderer. Das macht auf Dauer nicht glücklich.

Daher ist es viel erfüllender, Ziele anzustreben, die deine Selbstakzeptanz fördern und dich persönlich wachsen lassen. Das bedeutet, dass du deine Stärken entfaltest, Fähigkeiten entwickelst und Kompetenzen aufbaust, nicht mit dem alleinigen Ziel der Anerkennung, sondern aus der inneren Überzeugung heraus, diese Aspekte deines Selbst zu leben.

3. Macht und Einfluss: Das Gleiche gilt auch für das Streben nach Macht und Einfluss. Auch diese Ziele liegen oft außerhalb deiner direkten Kontrolle. Auf das Verhalten anderer Menschen hast du nur eingeschränkten Einfluss. Wenn du dich aber permanent darum bemühst, kann dies leicht zu andauernder Frustration führen, entweder weil sich deine Bemühungen möglicherweise nicht in dem Maße auszahlen, wie du es erhoffst oder weil du in einen Wertekonflikt gerätst.

Angenommen, eine Person engagiert sich in der Politik, um eine höhere Position zu erreichen und somit mehr Einfluss auf politische Entscheidungen auszuüben. Im Laufe der politischen Karriere könnte diese Person feststellen, dass politische Machtkämpfe und taktische Manöver notwendig sind, um in höhere Ämter aufzusteigen. Eventuell muss die Person ihre ursprünglichen Ideale und Überzeugungen vernachlässigen, um politisch erfolgreich zu sein. Daraus entsteht ein Dilemma, das du vielleicht auch schon mal erlebt hast: Um voranzukommen und mehr Macht und Einfluss zu erreichen, musst du deine Prinzipien opfern. Der Druck, bestimmte Entscheidungen zu treffen, die deinem eigenen Wertesystem widersprechen, kann zu anhaltender Frustration und Unzufriedenheit führen, selbst dann, wenn du die angestrebte Machtposition erreichst.

4. Unabhängigkeit: Das vierte Ziel, das die Forschung als nachteilig identifiziert, ist Unabhängigkeit. Hierbei geht es um die Unabhängigkeit im Sinne von »Ich brauche niemanden«. Was oft mit Autonomie verwechselt wird, aber etwas komplett anderes ist. Autonomie bedeutet, selbstbestimmt zu handeln und frei zu entscheiden im Sinne von »Ich handle im Einklang mit meinen Werten«. Das kann auch beinhalten, etwas zu tun, das du schwierig oder gar nicht spaßig findest. Du tust es aber trotzdem, weil es dir wichtig ist. Autonomie ist ein psychologisches Grundbedürfnis, und Ziele, die damit verbunden sind, tragen zu deinem Aufblühen bei.

Unabhängigkeit hingegen bedeutet, dass du sagst: »Ich komme alleine zurecht. Ich bin stark und schaffe das allein.« Menschen, die dieses Ziel verfolgen, neigen dazu, weniger Bindungserfahrungen zu machen, weil sie der Überzeugung sind, alles alleine bewältigen zu müssen. Es trägt auf Dauer nicht zu deinem Wohlbefinden bei, wenn du glaubst, keine anderen Menschen oder Beziehungen zu benötigen, weil es fundamental dem psychischen Grundbedürfnis nach Beziehung, Nähe und Vertrauen widerspricht.

5. Äußerliche Attraktivität: Das letzte Ziel, von dem die Forschung zeigt, dass es für dein Glück nicht förderlich ist, ist äußerliche Attraktivität. Viele Menschen investieren sehr viel Zeit und Energie in dieses Ziel, welches oft eng mit sozialer Anerkennung verbunden ist. Dein körperliches Erscheinungsbild ändert sich aber durch Alterung im Laufe des Lebens, das ist ein natürlicher Prozess. Wenn dein inneres Schönheitsideal, also die Maßstäbe, die du an dich selbst anlegst, aber weiterhin hoch bleiben, führt das zu einer Diskrepanz. Es kann dich frustrieren, wenn du die gewünschten Ergebnisse, selbst mit viel Anstrengung, nicht dauerhaft aufrechterhalten kannst.

Wenn dein Selbstwertgefühl stark von äußerlicher Attraktivität abhängt, wird deine Selbstwertschätzung instabil, da sie von externen Faktoren beeinflusst wird. Das kann zu emotionaler Unsicherheit und Unzufriedenheit führen. Außerdem kann der hohe Aufwand für äußerliche Attraktivität, also all die Zeit und Ressourcen, die du dafür opferst, zur Folge haben, dass dir an anderer Stelle Zeit und Energie fehlen. Du hast womöglich dann weniger Ressourcen zur Verfügung, um Ziele zu verfolgen, die für deine persönliche Entwicklung, zwischenmenschliche Beziehungen oder deinen beruflichen Erfolg von Bedeutung sind.

REFLEXION: ANALYSIERE, WELCHE UNGLÜCKLICH MACHENDEN ZIELE DU AKTUELL VERFOLGST

Ich möchte dich nun zu einer kleinen Reflexion einladen. Waren bei dieser letzten Aufzählung Ziele dabei, die du aktuell noch zu stark verfolgst oder an denen du dich momentan noch zu stark orientierst? Sei dabei aufrichtig mit dir selbst. Vielleicht hast du über die fünf unglücklich machenden Ziele drübergelesen und dir erst mal gedacht: »Das betrifft mich überhaupt nicht.« Wenn wir eine Veränderung in uns anstreben, ist es jedoch wichtig, eine ehrliche Selbsterkenntnis zu entwickeln. Es geht darum, blinde Flecken in uns aufzudecken und vielleicht zu der Erkenntnis zu kommen: »Oh, ich dachte vorschnell, dass diese Ziele keine Rolle für mich spielen, aber wenn ich ehrlich zu mir bin, dann tun sie das doch.« Die Grundvoraussetzung, um Dinge in deinem Leben zu verändern, ist immer ehrliche Selbstreflexion: »Ja, im Moment ist es so. Ich wünschte zwar, es wäre anders, und diese Ziele wären weniger wichtig für mich. Doch jetzt ist es wichtig anzuerkennen, dass diese Ziele aktuell eine Rolle in meinem Leben spielen.«

MERKE DIR:

Es gibt unterschiedliche Zielarten und nicht alle tragen gleichermaßen zu einem glücklichen, gelungenen und erfüllten Leben bei. Auf Wohlstand, äußere Anerkennung, Macht und Einfluss, Unabhängigkeit und äußerliche Attraktivität ausgerichtete Ziele machen auf Dauer nicht glücklich. Um diese Ziele zu erreichen, zahlst du häufig einen hohen Preis, der nicht mit dem korreliert, was für dich wirklich sinnvoll und wertvoll ist.

EXTRINSISCHE VERSUS INTRINSISCHE ZIELE

Wie du beim Lesen des letztens Abschnitts wahrscheinlich bemerkt hast, sind die fünf unglücklich machenden Ziele alle sogenannte extrinsische Ziele. Das heißt, sie machen den Erfolg stark von externen Bewertungen abhängig. Intrinsische Ziele sind hingegen Ziele, die aus einer tieferen inneren Motivation kommen, wie zum Beispiel persönliches Wachstum:

- Eine neue Fähigkeit erlernen, wie zum Beispiel Gitarre spielen, weil du dich kreativ ausdrücken möchtest.
- Eine Sportart ausüben, weil es dir Freude bereitet, dich fit zu halten und dich selbst herauszufordern.

Extrinsische Ziele sind dagegen Ziele, die von äußeren Faktoren wie Anerkennung, Belohnung oder Pflicht angetrieben werden, zum Beispiel:

- Regelmäßig Überstunden machen, um den Bonus am Jahresende zu bekommen.
- Sich um eine Führungsposition bemühen, um den Status und das Ansehen zu erhöhen.
- In deiner Firma bleiben, nur weil das Gehalt hoch ist, obwohl du unzufrieden bist.
- Eine Diät machen, weil du glaubst, dass du in einer bestimmten Form oder Größe mehr Anerkennung bekommst.

Für ein gelungenes Leben brauchst du Ziele, die du dir um ihrer selbst willen setzt und die dir persönlich wichtig sind (und nicht jemand anderem). Das bedeutet, du setzt dir Ziele nicht *um zu,* also um dadurch etwas zu erlangen wie zum Beispiel Anerkennung, Geld, Status oder um Erwartungen anderer zu erfüllen, sondern *weil* du sie an sich für wichtig und richtig hältst. Das Schöne daran ist, dass sich dann Glücksgefühle und Sinnempfinden als natürliche Begleiterscheinungen einstellen.

Es ist natürlich wunderbar und überhaupt nicht negativ, extrinsische Dinge wie Wohlstand oder Einfluss zu erreichen, wenn sie sich als Nebenprodukt intrinsisch motivierter Ziele ergeben. Das ist mir wichtig zu betonen. Es geht nicht darum, arm zu sein oder dich überhaupt nicht um dein Äußeres zu kümmern. Wenn dir zum Beispiel körperliche Fitness als intrinsisches Ziel sehr wichtig ist, ist die Wahrscheinlichkeit hoch, dass das auch einen positiven Einfluss auf deine äußere Attraktivität hat. Ebenso kannst du Einfluss auf andere Menschen haben, wenn du etwas tust, das für dich von hoher Bedeutung ist und damit Geld verdienen. Ich habe beispielsweise dieses Buch geschrieben, weil es mein innerer Wunsch ist, dass jeder Mensch weiß, wie er zu seinem Wohlbefinden beitragen kann und mir Schreiben einfach Spaß macht. Gleichzeitig hast du für dieses Buch Geld gezahlt und vielleicht beeinflusst meine Arbeit dich auf die eine andere (positive) Weise. Das heißt, als Nebeneffekt begrüßen wir all diese Dinge. Es ist aber nicht empfehlenswert, sie direkt anzustreben.

MERKE DIR:

Extrinsisch motivierte Ziele sind langfristig problematisch, weil du einen hohen Preis dafür zahlst und die Bewertung des Erfolgs von außen abhängig ist. Hier geht es um »haben«, »bekommen« oder »brauchen«. Verfolge stattdessen intrinsisch motivierte Ziele, die »aus dir herauskommen«. Hier geht es um »tun« oder »sein«. Ziele, die du »von außen« übernimmst, geben dir nicht ausreichend Befriedigung, wenn du sie erreichst.

DIESE DREI ZIELE MACHEN LANGFRISTIG GLÜCKLICH

Jetzt bist du wahrscheinlich schon neugierig, was denn nun die Ziele sind, die langfristig glücklich machen und von welchen du idealerweise mehr in deinem Leben formulierst. Wir können hier drei Zielarten unterscheiden: Beitragsziele, Beziehungsziele und Sinnfindungsziele

BEITRAGSZIELE

Beitragsziele sind Ziele, bei denen du einen Beitrag leistest. Hier können wir noch mal differenzieren in Kompetenzziele, die mit dem Einsatz deiner eigenen Stärken und deiner persönlichen Leistung verbunden sind und in Gemeinwohlziele, bei denen du dein Wissen und Können an andere Menschen weitergibst:

Kompetenzziele
Kompetenzziele meint, dass du deine eigenen Fähigkeiten, Stärken, Talente und Kenntnisse nutzt und erweiterst. Es geht darum, etwas eigenständig zu erreichen und eigene Erfolge durch persönlichen Einsatz, Anstrengung und kontinuierliche Weiterentwicklung zu erzielen. Dieser Prozess ist entscheidend für dein Aufblühen, da Kompetenz ein psychisches Grundbedürfnis ist. Dazu gehört auch, gelegentlich Hindernisse zu überwinden. Es ist wichtig, dass wir uns kompetent und wirkungsvoll fühlen, weil wir uns dann selbstwirksam erleben, im Sinne von »Ich kann das und es liegt in meiner Hand«.

Kompetenzziele brauchen nicht groß zu sein, es reicht vielmehr, wenn sie ganz mini sind. Ich habe zum Beispiel wieder mit Eislaufen begonnen und mein Ziel ist, eine Drehung auf eine gewisse Art und Weise hinzubekommen. Ich weiß, wenn ich das geschafft habe, freue ich mich und bin stolz auf mich. Darum geht es. Dass du deine Kompetenzen nutzt und ausbaust und dadurch (kleine) Erfolge generieren kannst. Das steigert deine Motivation und deine Leistungsfähigkeit und erzeugt gute Gefühle. Wie wichtig gute Gefühle für dein Wohlbefinden sind, haben wir uns gleich zu Beginn in diesem Buch angesehen. Du siehst, hier schließt sich der Kreis: Eines bedingt auf positive Weise das andere und trägt so dazu bei, dein volles Potenzial als Mensch zu leben. Hier ein paar Beispiele von Kompetenzzielen für dich:

- »Ich möchte für den Urlaub ein paar Brocken Französisch sprechen, um mich besser mit den Einheimischen verständigen zu können und die lokale Kultur intensiver zu erleben.«
- »Ich möchte lernen, wie ich authentische Sushi-Rollen zubereiten kann, um meine Kochkompetenz zu erweitern und Freunde und Familie mit einer besonderen Mahlzeit zu überraschen.«
- »Ich möchte einen eigenen Roman schreiben und meine Geschichten mit anderen teilen, um meine schriftstellerischen Fähigkeiten weiterzuentwickeln und kreativ tätig zu sein.«
- »Mein Ziel ist es, in den nächsten drei Monaten regelmäßig zu laufen und meine Ausdauer zu steigern, um am Ende einen Zehn-Kilometer-Lauf erfolgreich absolvieren zu können.«

Du merkst, es geht bei all diesen Zielen nicht darum, am Ende Bewunderung zu bekommen, und dass jemand zu dir sagt: »Wow, wie cool« (das kann aber natürlich ein Nebenprodukt sein). Es geht vielmehr darum, dass du am Ende in dir spürst: »Hey, cool, ich wollte das ausprobieren, das schaffen oder lernen und ich habe es hinbekommen.«

Gemeinwohlziele

Die zweite Zielart, die zu den Beitragszielen zählt, meint etwas weiterzugeben und einen Beitrag zu einem größeren Ganzen zu leisten. Gemeinwohlziele gehen über die reine Selbstwirksamkeit hinaus und haben noch eine übergeordnete Ebene, auf der du mit deinen Zielen einen positiven Beitrag für andere oder die Gemeinschaft leistest. Diese Art von Zielen beinhaltet oft den Wunsch, etwas zu schaffen, zu teilen oder zu hinterlassen, das über deine individuellen Bedürfnisse hinausgeht. Menschen, die Gemeinwohlziele verfolgen, erleben mehr Sinn und Zufriedenheit. Auch Gemeinwohlziele können klein sein. Sie haben oft etwas damit zu tun, andere Menschen in ihrer Entwicklung zu fördern, etwa indem du als Elternteil deinem Kind etwas Gutes und Wertvolles fürs Leben mitgeben möchtest. Hier einige Beispiele für Gemeinwohlziele:

- »Ich habe in meiner Karriere von Mentorinnen profitiert, die mir geholfen haben, meine Fähigkeiten zu entwickeln. Jetzt möchte ich meine Erfahrungen weitergeben und jüngeren Kolleginnen helfen, sich beruflich zu entfalten.«
- »Mein Ziel ist es, mein Fachwissen in Mathematik zu nutzen, um sozial benachteiligten Schülerinnen kostenlose Nachhilfe anzubieten und ihnen bessere Bildungschancen zu ermöglichen.«
- »Ich möchte mich für Umweltschutz einsetzen, um unseren Planeten für zukünftige Generationen zu erhalten und nachhaltiges Verhalten zu fördern.«
- »Mein Ziel ist es, Kunstwerke zu schaffen, die nicht nur meine eigene Kreativität zeigen, sondern auch andere zum Nachdenken anregen und emotionale Verbindungen schaffen.«

Auch ich verfolge mit meinem Beruf als Glückstrainerin und Coachin Gemeinwohlziele. Ich möchte all mein fachliches Wissen, meine praktischen Erfahrungen aus unzähligen Coachingeinheiten und die Erfahrungen aus meinem Leben teilen und

Menschen dazu inspirieren beziehungsweise sie dabei begleiten, ein schönes und erfülltes Leben für sich zu gestalten.

BEZIEHUNGSZIELE

Diese Ziele beziehen sich auf Nähe, Vertrauen und Verbundenheit in zwischenmenschlichen Beziehungen. Sie zielen darauf ab, dass du qualitative und vertrauensvolle Beziehungen pflegst, dass du aktiv dazu beiträgst, dass Menschen sich in deiner Anwesenheit wohlfühlen, oder dass du andere Menschen mit all ihren Stärken und Schwächen akzeptierst. Es geht auch darum, dass du proaktiv Beziehungen aufbaust, in denen du dich akzeptiert, geliebt und angenommen fühlst. Als Ziel formuliert, klingt das beispielsweise so:

- »Ich strebe danach, meine bestehenden Freundschaften zu vertiefen und aktiv daran zu arbeiten, dass sie nicht nur oberflächlich, sondern wirklich bedeutungsvoll sind. Ich möchte Beziehungen pflegen, die auf Vertrauen, Offenheit und gegenseitigem Verständnis beruhen.«
- »Ich möchte ein Umfeld schaffen, in dem sich meine Kolleginnen am Arbeitsplatz wohl und geschätzt fühlen. Durch positive Kommunikation, Empathie und kollegiale Unterstützung möchte ich dazu beitragen, dass die Zusammenarbeit von einer positiven Atmosphäre geprägt ist.«
- »Mein Ziel ist es, Menschen in meinem Umfeld bedingungslos zu akzeptieren, indem ich ihre Stärken betone und ihre Schwächen respektiere. Ich möchte einen Raum der Akzeptanz schaffen, in dem sich jeder frei entfalten kann, ohne Angst vor Verurteilung.«
- »Ich strebe danach, Beziehungen zu pflegen, in denen gemeinsames Lachen und das Teilen von Aktivitäten eine wichtige Rolle spielen. Ich werde mich aktiv darum bemühen, regelmäßig Zeit mit meinen Freundinnen und meiner Familie zu verbringen, um positive gemeinsame Erlebnisse zu haben.«

Wie du anhand der Beispiele schon erkennen kannst, gelten diese Ziele für alle Arten von Beziehungen. Es geht darum, mit anderen Menschen in Beziehung zu gehen und Nähe herzustellen. Und es gilt: Qualität vor Quantität! Die Forschung zeigt, dass es für unser Wohlbefinden nicht darum geht, möglichst viele Kontakte zu haben, sondern ein paar wenige tiefe Beziehungen (es reichen schon zwei bis drei), bei denen du das Gefühl hast: »Diese Menschen sind mir wichtig und umgekehrt bin ich ihnen auch wichtig. Mit diesen Menschen kann ich über alles reden, ihnen kann ich vertrauen. Auf diese Menschen kann ich mich verlassen. Wenn ich etwas brauche, sind sie da. Bei diesen Menschen kann ich sein, wie ich bin, da fühle ich mich verstanden. Mit diesen Menschen habe ich Spaß und eine gute Zeit.«

Menschen, die glücklich und zufrieden sind, pflegen aktiv solche Beziehungen, investieren in sie und setzen sich dafür ein. Es geht darum, dass du dir Zeit für die Beziehungspflege nimmst und sie nicht vernachlässigst, selbst dann nicht, wenn du gerade viel zu tun hast. Oftmals neigen wir dazu, in stressigen Phasen Treffen oder Gespräche mit guten Freundinnen aufzuschieben, einfach weil wir davon ausgehen, dass sie immer für uns da sind. Das mag kurzfristig funktionieren, doch auf Dauer ist es nicht nachhaltig.

SINNFINDUNGSZIELE

Der dritten Zielart haben wir uns schon im letzten Kapitel angenähert, als wir über die Werte und »Sein-Ziele« gesprochen haben. Diese Ziele gehen über die Gemeinwohlziele von vorhin hinaus und beziehen sich auf etwas Höheres, Größeres, Weiteres. Hier geht es um die großen Fragen des Lebens »Was für ein Mensch bin ich und was für ein Mensch möchte ich sein?«, die wir uns in jeder Lebensphase aktiv neu stellen sollten. Am Ende des Lebens geht es um die Frage »Welcher

Mensch war ich und bin ich damit zufrieden?« Idealerweise war ich jemand, der nach seinen Werten gelebt hat und seine Lebensziele erreicht hat. Dahinter steht immer die Haltung »Werde, der du bist.« Das heißt, statt ein Leben zu führen, wie es andere von dir erwarten, dich zu fragen »Wer bin ich und was brauche ich?«, »Wie möchte ICH mein Leben gestalten?« Hier einige Beispiele für Zielformulierungen:

- »Ich werde mir regelmäßig Zeit für Selbstreflexion nehmen, um meine inneren Werte und Überzeugungen zu identifizieren. Dabei möchte ich mich intensiv mit den Fragen auseinandersetzen: ›Wer bin ich wirklich?‹ und ›Was sind meine tiefsten Überzeugungen?‹«
- »Ich werde aktiv daran arbeiten, meinen Lebenszweck zu definieren, indem ich klare Ziele formuliere und eine Vision für das Große und Weitergehende entwickle. Dabei beziehe ich meine persönlichen Überzeugungen und meine spirituelle Suche mit ein.«
- »Ich werde daran arbeiten, authentisch und wahrhaftig zu sein, indem ich mich selbst besser kennenlerne und meine Überzeugungen offen und ehrlich zum Ausdruck bringe. Dabei vermeide ich, mich nach außen zu verbiegen, um den Erwartungen anderer zu entsprechen.«
- »Ich setze mir das Ziel, mein Leben im Einklang mit meinen innersten Werten zu führen. Das bedeutet, dass meine Entscheidungen und Handlungen von meinen ethischen Prinzipien und meiner persönlichen Spiritualität geleitet werden.«

Sehr wahrscheinlich verfolgst du bereits bewusst oder unbewusst Ziele in deinem Leben, die zu den drei Glückszielarten gehören. Ich möchte dich nun einladen, darüber nachzudenken, welche das vielleicht schon sind und welche konkreten Ziele du zukünftig noch verfolgen möchtest.

REFLEXION: FINDE DEINE PERSÖNLICHEN ZIELE

Nimm dir für diese Reflexionsübung ruhig etwas länger Zeit und ziehe dich an einen ruhigen Ort zurück, an dem du dich wohlfühlst und träumen kannst.

Beitragsziele erkunden:

- Denke über deine gegenwärtigen beruflichen und persönlichen Kompetenzziele nach. Welche konkreten Kompetenzen möchtest du ausbauen? Welche Meilensteine möchtest du in naher Zukunft erreichen und welche Fähigkeiten möchtest du dafür entwickeln? Denke daran, dass Kompetenzziele nicht groß sein müssen – sie können auch kleine Erfolge beinhalten.
- Überlege im Sinne von Gemeinwohlzielen, wie du dein Wissen, deine Erfahrungen oder Fähigkeiten dazu nutzen kannst, anderen Menschen etwas Gutes zu tun. Welche Art von positivem Einfluss möchtest du auf andere oder die Gemeinschaft ausüben? Womit/wie kannst du konkret einen Beitrag leisten oder einen Mehrwert für andere schaffen?

Beziehungsziele identifizieren:

- Denke über deine sozialen Beziehungen nach, sei es zu Freundinnen, deiner Familie, deinem Partner, deiner Partnerin oder Kolleginnen. Wie kannst du konkret deine Beziehungen vertiefen und noch qualitativer gestalten? Wie kannst du zu einer positiven Atmosphäre in deinen Beziehungen beitragen? Wie kannst du neue unterstützende Verbindungen aufbauen?

Sinnfindungsziele erforschen:

- Denke über deine Werte, deine Spiritualität und den übergeordneten Zweck in deinem Leben nach. Welche Schritte kannst du unternehmen, um deine Selbstreflexion zu vertiefen und dich besser kennenzulernen? Welcher Mensch möchtest du sein? Welche Überzeugungen und Prinzipien sollen deine Entscheidungen und Handlungen lenken?

Wahrscheinlich sind einige deiner Ziele, die du aus dieser Reflexionsübung abgeleitet hast, schon konkreter und andere klingen noch sehr allgemein. Das ist an dieser Stelle vollkommen okay. Die Zielebeispiele, die ich dir auf den letzten Seiten zur Verfügung gestellt habe, waren auch alle noch sehr breit formuliert. In weiterer Folge geht es nun darum, konkrete Teilschritte für den Weg zu deinem Ziel zu formulieren. Schlussendlich brauchst du konkrete Verhaltensziele, denn nur sie verändern dein Verhalten. Das heißt, du möchtest klar vor dir haben, was genau du täglich tun kannst, um deinem Ziel ein Stückchen näher zu kommen. Wie du das am besten machst, verrate ich dir im letzten Kapitel dieses Buches, in dem es darum geht, in die Umsetzung zu kommen. Zuvor schauen wir uns noch an, wie du deine Ziele am besten formulierst und welches Mindset dich bei der Erreichung deiner Ziele unterstützt.

MERKE DIR:

Langfristiges Glück kannst du vor allem finden, wenn du drei verschiedene Zielarten verfolgst: Beitragsziele beinhalten, dass du deine eigenen Kompetenzen nutzt und dein Wissen weitergibst. Beziehungsziele bedeuten, dass du qualitativ hochwertige zwischenmenschliche Beziehungen pflegst. Sinnfindungsziele beziehen sich auf deine Werte, Spiritualität und deinen Lebenszweck. Identifiziere diese Ziele für dich und formuliere konkrete Schritte, um sie zu verwirklichen.

SO FORMULIERST DU DEINE ZIELE RICHTIG

Für dein Wohlbefinden ist es nicht nur wichtig, *welche* Ziele du dir setzt, sondern auch, *wie* du sie formulierst. Am Anfang eines jeden Coachingprozesses formulieren meine Coachees ihre Ziele für unsere gemeinsame Glückszusammenarbeit. Sie überlegen sich, was denn ein gutes Ergebnis am Ende des Prozesses für sie wäre und wie sie das in ihrem Alltag spüren würden. Häufig höre ich dann erst mal Formulierungen wie »Ich möchte nicht mehr so gestresst sein«, »Ich möchte nicht mehr nervös sein, wenn ich mit meinem Chef spreche«, »Ich möchte mich in Situation XY nicht mehr so aufregen« oder »Ich will nicht mehr ständig in meinen negativen Grübelspiralen festhängen«. Was fällt dir an diesen Formulierungen auf?

Sie sind alle im sogenannten Vermeidungsmodus formuliert. Vermeidungsziele beinhalten einen Zustand, der vermieden werden soll, weil er als Bedrohung wahrgenommen wird. Aus diesem Grund sind Vermeidungsziele auch mit unangenehmen Gefühlen verbunden. Dein Gehirn wird aber aktiv versuchen, unangenehmen oder stressigen Situationen aus dem Weg zu gehen oder sie hinauszuzögern. Du handelst aus einer Vermeidungshaltung heraus. Die Herausforderung dabei ist, dass dein Gehirn keine klaren Handlungsanweisungen für das positive Verhalten erhält, sondern lediglich für die Vermeidung von Stress. Mit Vermeidungszielen definierst du keinen klaren Zeitpunkt beziehungsweise kein klares Kriterium, wann du dein Ziel erreicht hast. Angenommen, dein Vermeidungsziel wäre »Ich möchte mich nicht mehr so schnell ärgern«, dann kann dir das zwar in neun von zehn Fällen gelingen. Aber wenn du dich dann beim zehnten Mal wieder aufregst, wird das Gehirn bei dieser Ausnahme sofort Alarm schlagen, weil du ja genau das nicht mehr wolltest. Das kann Stress und Angst auslösen und du ergreifst vielleicht die Flucht, statt dich der Situation zu stellen.

Besser wäre es, in unserem Gehirn den sogenannten »Annäherungsmodus« zu aktivieren. Annäherungsziele sind Ziele, die positiv formuliert sind und darauf abzielen, einen bestimmten Zustand oder eine gewünschte Handlung aktiv anzustreben. In der folgenden Tabelle findest du Beispiele, wie du Vermeidungsziele als Annäherungsziele formulierst.

Vermeidungsziel	Annäherungsziel
Ich möchte nicht mehr so gestresst sein.	Ich möchte regelmäßig Entspannungstechniken wie Meditation oder Atemübungen anwenden, um mein Stresslevel zu reduzieren und ein inneres Gleichgewicht zu fördern.
Ich möchte nicht mehr nervös sein, wenn ich mit meinem Chef spreche.	Ich möchte an einem Kommunikationsseminar teilnehmen und regelmäßig praktische Übungen machen, um beim nächsten Gespräch mit meinem Chef selbstbewusster aufzutreten und konstruktiv meine Meinung zu äußern.
Ich möchte mich in Situation XY nicht mehr so aufregen.	Ich arbeite daran, gelassener mit Situation XY umzugehen, indem ich bewusst positive Perspektiven einnehme und mich auf konstruktive Lösungen konzentriere.
Ich will nicht mehr ständig in meinen negativen Grübelspiralen festhängen.	Ich setze mir das Ziel, meine Perspektive zu verändern und konstruktivere Gedankenpfade zu entwickeln. Dazu möchte ich mich auf lösungsorientiertes Denken fokussieren.

Du siehst, Annäherungsziele beschreiben das, was wir erreichen wollen und nicht das, was wir nicht mehr wollen. Du richtest deine Aufmerksamkeit darauf, etwas Positives zu erreichen oder dich in eine gewünschte Richtung zu bewegen. Das Tolle an Annäherungszielen liegt in ihrer motivationsfördernden Wirkung. Der Annährungsmodus ist mit positiven Gefühlen wie Vorfreude, Zuversicht und Hoffnung verbunden. Wenn wir uns darauf konzentrieren, was wir erreichen möchten und welche positiven Veränderungen wir anstreben, neigen wir dazu, motivierter und zielgerichteter zu handeln. Wenn es dir noch schwerfällt, ein klares Annäherungsziel für dich zu formulieren, frage dich zunächst: »Was will ich nicht mehr?« und übersetze deine Antwort dann in ein: »Was will ich stattdessen?« Das hilft dir dabei, vom Vermeidungsmodus zu klaren, positiven Annäherungszielen zu gelangen.

ÜBUNG:
FORMULIERE DEINE ZIELE IM ANNÄHERUNGSMODUS

Überlege dir drei Dinge in deinem Leben, die du so nicht mehr möchtest. Mache dir dann Gedanken, was du stattdessen möchtest. Formuliere klar und konkret, welche positiven Veränderungen du anstrebst. Das Fokussieren auf das, was du erreichen möchtest, hilft dir, motiviert zu bleiben und zielgerichtet zu handeln.

Was möchte ich nicht mehr?	Was möchte ich stattdessen?
1. ______________________	1. ______________________
2. ______________________	2. ______________________
3. ______________________	3. ______________________

MERKE DIR:

Du kannst zwischen Vermeidungs- und Annäherungszielen unterscheiden. Das Formulieren von Vermeidungszielen ist für dein Wohlbefinden nicht förderlich, weil es unangenehme Gefühle aktiviert. Mithilfe von Annäherungszielen suchst du aktiv nach Wegen und Strategien zur Zielerreichung. Dies erleichtert nicht nur das Erreichen der Ziele, sondern steigert auch dein Wohlbefinden.

MIT DIESEM MINDSET ERREICHST DU DEINE ZIELE

»Das kann ich nicht«, »Das schaffe ich nicht«, »Dafür bin ich einfach nicht gemacht«. Kommen dir solche Gedanken bekannt vor? Clara kannte sie nur zu gut. Sie kam zu mir ins Coaching, weil sie sich in einer emotionalen Sackgasse befand. Trotz ihres Talents und ihrer Ambitionen fühlte sie sich in vielen Lebensbereichen blockiert. Sie hatte das Gefühl, dass sie ihr volles Potenzial nicht ausschöpfte und ihre Ziele unerreichbar waren. Sie hatte große Angst zu scheitern, deswegen fing sie vieles gar nicht erst an. Clara sehnte sich nach Veränderung und hatte bereits erkannt, dass sie sich in ihren Gedanken selbst limitierte, aber sie wusste nicht, wie sie aus diesem Muster ausbrechen sollte.

Deine innere Einstellung und deine Überzeugungen haben großen Einfluss darauf, welche Ziele du dir vornimmst und ob du sie schlussendlich auch erreichst. Die Psychologin und Forscherin Carol Dweck hat mit ihrer bahnbrechenden Arbeit gezeigt, dass die Art und Weise, wie wir über unsere Fähigkeiten und Potenziale denken, einen entscheidenden Unterschied macht. Ihr Konzept des »Mindsets« – mit einer Unterscheidung von einem **statischen Mindset** und einem **Wachstums-Mindset** zeigt, dass unsere Grundhaltung gegenüber Herausforderungen, Fehlern, Anstrengung und Erfolg für unsere persönliche Entwicklung und Leistungsfähigkeit entscheidend ist:

Statisches Mindset: Im statischen Mindset, also einem starren Denkmuster, glauben wir, dass Talente und Intelligenz angeboren und unveränderlich sind. Wir denken: »Ich bin einfach so« oder »Ich bin nicht gut darin«. Misserfolge werden als persönliche Defizite wahrgenommen, was das Selbstwertgefühl stark beeinflusst. Wir haben Angst vor Fehlern, da sie als Abwertung der eigenen Person gesehen werden. Die Vorstellung, dass Anstrengung und Bemühungen zum Erfolg führen könnten, fehlt völlig. Daher werden Chancen und Möglichkeiten zum Wachstum oft verpasst. Dies führt dazu, dass Potenzial nicht ausgeschöpft wird und Ziele nicht konsequent verfolgt werden. Bei ersten Hindernissen wird oft aufgegeben, ohne das Ziel weiterzuverfolgen.

Wachstums-Mindset: Im Wachstums-Mindset hingegen, also einem dynamischen Selbstbild, glauben wir daran, dass sich Begabungen und Intelligenz ständig weiterentwickeln können. Bei diesem Mindset bist du überzeugt, dass durch deine Anstrengungen und Ausdauer Verbesserungen und Zielerreichungen möglich sind. Fehler und Misserfolge werden nicht als persönliche Niederlagen gesehen, sondern als neutraler Hinweis darauf, dass eine Strategie gerade nicht funktioniert hat. Du bist offen für neue Wege, bereit, Fähigkeiten auszubauen und holst dir gerne Rat von anderen ein. Dein Wille zu lernen und deine Neugier treiben dich an. Du hast eine hohe Frustrationstoleranz und gibst nicht so schnell auf. Herausforderungen und Chancen sind für dich Anreize, deine Komfortzone zu verlassen und Dinge öfter zu versuchen. Dein Fokus liegt auf dem, was du gewinnen kannst, anstatt auf dem, was du bei Misserfolg riskierst, und deshalb erreichst du deine Ziele einfacher.

In der folgenden Tabelle stelle ich Überzeugungen von Menschen mit statischem Mindset und Wachstums-Mindset gegenüber:

Statisches Mindset	Wachstums-Mindset
Ich bin entweder gut in etwas oder nicht.	Ich kann mich in allem verbessern, wenn ich mich anstrenge.
Fehler bedeuten, dass ich nicht klug genug bin.	Fehler sind Chancen zu lernen und zu wachsen.
Ich vermeide Herausforderungen, um nicht zu scheitern.	Herausforderungen sind Möglichkeiten, um mich weiterzuentwickeln.
Ich fühle mich bedroht durch den Erfolg anderer.	Ich fühle mich inspiriert durch den Erfolg anderer.
Ich gebe auf, wenn etwas schwierig wird.	Ich bleibe dran, und suche nach Lösungen.

Als ich Clara die beiden Mindsets vorstellte, machte es bei ihr »klick«. Sie stellte fest, dass sie im Bereich Sport bereits ein Wachstums-Mindset hatte. Sie nahm regelmäßig an Wettbewerben teil und betrachtete Herausforderungen als Entwicklungschance. Anders sah es im Beruf und in Liebesdingen aus. Sie war der Meinung, beruflich »einfach nicht kompetent genug zu sein« und in puncto Liebe »einfach nicht für Beziehungen gemacht zu sein«. Nachdem sie diese Denkmuster erkannt hatte, begann Clara bewusst daran zu arbeiten. Sie lernte, berufliche Herausforderungen als Chancen zur persönlichen Entwicklung zu betrachten und begann, aktiv an ihrer Beziehungsfähigkeit zu arbeiten, indem sie sich bemühte, ihre Kommunikationsfähigkeit zu verbessern. Mit dieser bewussten Veränderung ihres Mindsets erreichte Clara positive Veränderungen in ihrem beruflichen und persönlichen Leben.

Ich lade dich dazu ein, ebenfalls zu reflektieren, in welchen Lebensbereichen du schon ein Wachstums-Mindset hast und wo vielleicht noch nicht. Es ist nicht überraschend, dass wir uns in verschiedenen Situationen unterschiedlich verhalten, da unser Denkmuster von Situation zu Situation variieren kann.

ÜBUNG: STÄRKE DEIN WACHSTUMS-MINDSET MIT DEM ZAUBERWORT »NOCH«

Eine der einfachsten und dennoch wirksamsten Veränderungen erscheint auf den ersten Blick unscheinbar. Wenn du etwas nicht kannst oder nicht erreicht hast, mache dir klar, dass dies zwar bisher nicht der Fall ist, sich aber jederzeit ändern kann. Füge zukünftig, wann immer möglich, ein »noch« hinzu!

Hier einige Beispiele für dich:

Das kann ich nicht. → Das kann ich *noch* nicht.
Das schaffe ich nicht. → Das schaffe ich *noch* nicht.
Ich finde nie den richtigen Partner. → Ich habe *noch* nicht den richtigen Partner gefunden.

Und dann fügst du am besten noch einen Wachstumsgedanken hinzu: »Und ich werde es lernen«

Denke an Gedanken, die dich besonders oft zweifeln lassen. Schreibe sie auf, füge das *noch* hinzu und ergänze einen Wachstumsgedanken.

MERKE DIR:

Deine Denkmuster beeinflussen deine Ziele und Erfolge. Ein statisches Mindset führt dazu, dass du deine Fähigkeiten als festgelegt betrachtest und Misserfolge als persönliche Defizite siehst. Im Gegensatz dazu ermöglicht ein Wachstums-Mindset Entwicklung und Wachstum durch Anstrengung und Ausdauer. Durch bewusste Veränderung deines Denkmusters kannst du positive Veränderungen in allen Lebensbereichen erreichen. Verwende das Zauberwort »noch«, um deine Denkweise zu stärken und dir neue Möglichkeiten zu eröffnen.

RAN AN DIE UMSETZUNG

»Wer ständig glücklich sein möchte, muss sich oft verändern.«

Konfuzius

Wenn du nichts veränderst, wird sich in deinem Leben auch nichts ändern. Logisch, oder? Das verdeutlicht auch eines meiner Lieblingszitate von Paul Watzlawick:

»Wenn du immer wieder das tust, was du immer schon getan hast, dann wirst du immer wieder das bekommen, was du immer schon bekommen hast. Wenn du etwas Anderes haben willst, musst du etwas Anderes tun. Und wenn das, was du tust, dich nicht weiterbringt, dann tu etwas völlig Anderes, statt mehr vom gleichen Falschen.«

Wenn du jeden Tag das Gleiche denkst, fühlst und tust, brauchst du dich nicht wundern, warum sich in deinem Leben nichts verändert. Denn du wiederholst beständig dein Leben aus der Vergangenheit. Deshalb möchte ich dich dazu einladen, ab heute Dinge anders zu machen, mit einer neuen Herangehensweise, mehr Bewusstsein, oder indem du überhaupt neue Dinge ausprobierst. Die Übungen aus der Positiven Psychologie, die ich dir in diesem Buch vorgestellt habe, spiegeln die Gewohnheiten natürlich glücklicher Menschen wider. Sie unterstützen konstruktive und positive Gedanken, Gefühle und Verhaltensweisen. Sie sind einfach, alltagstauglich und wirksam. Unter einer Voraussetzung: Du setzt sie tatsächlich um.

Die meisten Menschen sind Wissensriesen und Umsetzungszwerge. Daher ist es mir wichtig, dir zum Abschluss einen sanften und wohlgemeinten Tritt in den Hintern zu verpassen. Vielleicht hast du bis zu dieser Stelle im Buch nur gelesen und noch keine der Übungen wirklich umgesetzt, mit dem Gedanken »Jetzt lese ich erst mal alles durch, und dann setze ich es später um«. Nun, dieses »später« ist **JETZT**.

In den vorherigen Kapiteln hast du verschiedene Strategien kennengelernt, um ein erfüllteres und glücklicheres Leben zu führen. Das Leben ist komplex, es gibt viele unterschiedliche Lebensrealitäten, strukturelle Diskriminierung und psychische Erkrankungen. Vielleicht hast du dir an mancher Stelle gedacht: »Diese Beispiele oder Schlussfolgerungen sind mir zu vereinfacht dargestellt.« Und damit hast du recht. Ich habe mich bewusst für eine Vereinfachung entschieden, mit dem Wissen, dass ich in diesem Buch nicht alle Lebensrealitäten abbilden kann. Bitte verstehe dieses Buch nicht als Ersatz für eine Psychotherapie, sondern als Inspiration für alltagstaugliche Strategien, die zu positiven Veränderungen im Leben beitragen können. Wenn du feststellst, dass die Übungen aus dem Buch nicht ausreichen und du immer wieder in inneren Filmen deiner Vergangenheit festhängst, ist eine Psychotherapie möglicherweise der richtige Weg für dich.

Viele Menschen haben als Lebensziel »endlich glücklich werden«. Mein Ziel war es, dir mit diesem Buch zu verdeutlichen, dass Glücklichsein kein direkt ansteuerbares Ziel ist, das für immer währt, wenn du es erst einmal erreicht hast. Für den Prozess der persönlichen Entwicklung und Entfaltung ist es entscheidend, dich selbst besser kennenzulernen und zu reflektieren. Nur wenn du dich selbst gut kennst, kannst du eine Richtung in deinem Leben einschlagen, die zu deinen eigenen Werten und Fähigkeiten passt, dein volles Potenzial als Mensch ausschöpfen und deine Stärken entfalten, anstatt dich nach außen zu verbiegen.

Vielleicht kennst du Menschen, die scheinbar ihr »Ding« gefunden haben und sehr glücklich sind. Wie haben sie es geschafft, so glücklich zu werden? Sie sind aktiv geworden, haben sich auf den Weg gemacht, ihr Leben nach ihren Vorstellungen zu gestalten und sind drangeblieben. Dein Glück hängt von deiner Bereitschaft zum Handeln ab. Wenn du aktiv bist, ziehst du Erfahrungen, Informationen und Gelegenheiten an, dadurch schaffst du mehr Möglichkeiten, Glücksmomente zu erleben, deine Stärken einzusetzen, Neues zu erleben und über dich hinauszuwachsen, als wenn du passiv abwartest. Nur wenn du etwas tatsächlich ausprobierst, kannst du wissen, ob es etwas für dich ist oder nicht. Allein darüber nachzudenken, hilft dir nicht weiter. Deshalb möchte ich dir nun zum Abschluss einige hilfreiche Tipps mit auf den Weg geben, in die Gänge zu kommen.

KONZENTRIERE DICH AUF WENIGE ESSENZIELLE ZIELE

Was glaubst du, hält viele Menschen davon ab, ihr Ziel zu erreichen? Paradoxerweise halten uns oft unsere anderen Ziele davon ab, etwas in unserem Leben zu verändern. In der Psychologie sprechen wir hier auch vom sogenannten Zielwettbewerb. Du hast nur eine begrenzte Menge an Energie und Zeit pro Tag zur Verfügung. Je mehr Ziele du gleichzeitig verfolgst oder je mehr Dinge du gleichzeitig verändern möchtest, desto weniger Zeit und desto weniger Energie hast du für jedes einzelne Ziel und desto unwahrscheinlicher ist es, dass du deine Ziele erreichst. Das Setzen von Zielen gibt uns oftmals ein gutes Gefühl. Wenn wir uns Ziele setzen, bekommen wir das Gefühl, produktiv zu sein und etwas für unseren Erfolg zu tun. Und vor allem bekommen wir das Gefühl, dass wir unser Leben ein bisschen planen können.

Vielleicht kennst du das ja von dir selbst, wenn du dir mal ganz konkret Ziele gesetzt hast, dann fühlst du dich danach unheimlich motiviert und positiv. Du hast das Gefühl, unaufhaltbar zu sein und alles erreichen zu können. Dieser übertriebene Optimismus führt auch in ganz vielen Fällen dazu, dass wir uns viel zu viel vornehmen und uns maßlos selbst überschätzen. Das heißt, wenn du deine Ziele nicht erreichst, dann hast du dir in den meisten Fällen einfach zu viel vorgenommen. Manche Menschen wollen am liebsten alles auf einmal in ihrem Leben verändern. Sie wollen abnehmen und sich gesund ernähren, früher aufstehen, neue Freundinnen finden, berufliche Ziele verwirklichen, täglich Sport machen, weniger Alkohol trinken und mehr Zeit mit ihrem Partner oder ihrer Partnerin verbringen, das Leben mehr genießen und die Dinge gelassener sehen ... Und was passiert in den allermeisten Fällen? Genau, es ändert sich gar nichts.

Dafür gibt es drei Gründe:

- Wir haben ein Zeitproblem, denn je mehr Ziele wir haben, desto weniger Zeit bleibt für jedes einzelne Ziel.
- Wir haben nur eine begrenzte Willenskraft, die schwächer wird, je mehr wir sie benutzen. Wenn du zum Beispiel mit dem Rauchen aufhören willst, wirst du enorm viel Willenskraft brauchen, um durchzuhalten. Wenn du aber nebenher auch noch versuchst, auf Süßigkeiten zu verzichten oder früher aufzustehen oder eine neue Fremdsprache zu lernen, dann überlastest du deine Willenskraft.
- Der dritte Grund ist, dass unsere Ziele oft in Konflikt stehen. Das bedeutet, dass ein Ziel das andere Ziel sozusagen ausschließt. Wenn du beispielsweise das Ziel hast, innerlich entspannter zu werden und das Leben mehr zu genießen und gleichzeitig auch das Ziel hast, beruflich voranzukommen, dann hast du wahrscheinlich einen Zielkonflikt.

Falls du wirklich ein Ziel erreichen willst oder eine Sache verändern möchtest, dann brauchst du all deine verfügbare Energie für diese eine Sache.

Beim Lesen des Buches wirst du wahrscheinlich bemerkt haben, dass du im Bereich mancher Glückssäulen bereits besser unterwegs bist als bei anderen. Vielleicht fällt es dir schon leicht, die Glücksmomente im Alltag wahrzunehmen, deine Stärken kennst du aber nicht so gut und kannst sie deswegen noch nicht bewusst einsetzen. Oder es gelingt dir schon gut, im Einklang mit deinen Werten zu leben und dir wichtige Ziele zu verfolgen, doch aktuell gönnst du dir zu wenig Pausen und hast zu wenig Wohlfühlglück in deinem Leben. Ich lade dich nun ein, dir eine der fünf Glückssäulen auszusuchen, von der du aktuell der Meinung bist: »Wenn mir das ein bisschen besser gelingen würde, hätte es den größten Effekt auf meine Lebenszufriedenheit.« Du kannst auch so vorgehen, dass du dir eine Liste erstellst, mit all deinen Zielen oder all den Dingen, die du gerne verändern möchtest. Nimm dir für diese Übung natürlich auch noch mal deine glücklich machenden Ziele aus dem letzten Kapitel zur Hand. Wenn du diese Liste fertig hast, dann streiche alles, außer die eine Sache, die dir momentan am wichtigsten ist. Wenn du dich immer nur auf eine Sache auf einmal fokussierst, wirst du merken, dass dein Leben simpler wird, dass du weniger gestresst bist und dass du deutlich schneller Fortschritte machst, als wenn du mehrere Ziele auf einmal verfolgst. Wenn du dein Ziel erreicht hast oder die notwendige Gewohnheit entwickelt hast, die dich zu dem Ziel bringt, dann kannst du das nächste Ziel angehen, aber nicht vorher.

Ich weiß, der Fokus auf eine Sache kann dir am Anfang das Gefühl geben, dass du zu wenig Fortschritte machst oder dich viel zu langsam entwickelst. Aber lass dich von dem Eindruck nicht täuschen. Ein Ziel oder eine Veränderung nach der anderen anzugehen, ist der beste Weg, um deine Ziele auch wirklich zu erreichen und wirklich etwas zu verändern. Wissenschaftliche Studien, wie die von Philippa Lally und ihrem Team am University College London, legen nahe, dass es im Durchschnitt 66 Tage dauert, um eine neue Gewohnheit zu entwickeln. Diese Zeitspanne kann zwar variieren, aber das Wichtigste ist, dass du konsequent dranbleibst und geduldig bist. So kannst du nachhaltige Veränderungen in deinem Leben erreichen.

Nun lade ich dich ein, noch mal innezuhalten und dein persönlich wichtigstes Ziel zu definieren. Überlege dir, welches Ziel für dich momentan den größten Unterschied machen würde, und schreibe es auf:

____

____

____

____

____

MERKE DIR:

Zu viele Ziele gleichzeitig können dich überfordern und deine Willenskraft schwächen. Fokussiere dich auf ein Hauptziel, um genug Energie für seine Verwirklichung zu haben. Priorisiere bewusst und setze deine Ziele schrittweise um, um langfristig Fortschritte zu erzielen.

ZERLEGE DEIN ZIEL IN KLEINE REALISTISCHE SCHRITTE

Vielleicht kennst du das: Dein Ziel erscheint dir so überwältigend groß, dass du gar nicht weißt, wo du anfangen sollst, und deswegen tust du es auch nicht. Es kann dich überfordern und dich dazu bringen, aufzugeben, bevor du überhaupt angefangen hast. Wenn wir vor einer großen Aufgabe stehen, zum Beispiel vor dem Schreiben einer Diplomarbeit, kann diese sich schnell überwältigend anfühlen und negative Emotionen wie Angst und Stress auslösen. Es scheint, als ob die Aufgabe unüberwindbar ist. Das kann dazu führen, dass du dich entmutigt fühlst und dir schwertust, überhaupt mit der Arbeit zu beginnen. Vielleicht geht es dir mit dem ein oder anderen Ziel, das du aus diesem Buch für dich abgeleitet hast, auch so.

Hier kommt die Methode der Aufteilung in kleine Teilschritte ins Spiel. Durch das Zerlegen der großen Aufgabe in kleinere, überschaubare Teilaufgaben kannst du leichter den Überblick behalten und dich auf den jeweiligen Schritt konzentrieren, anstatt über die Gesamtaufgabe nachzudenken. Das gibt dir ein Gefühl der Kontrolle und hilft dir, »negative« Gefühle abzubauen. Das Projekt, dieses Buch zu schreiben, war auch riesig für mich.

Deshalb habe ich mir zunächst überlegt, welche einzelnen Kapitel ich schreiben möchte und Unterkapitel formuliert. Auch die Unterkapitel konnte ich noch weiter zerlegen, bis hin zu: »Heute schreibe ich zwei Seiten zu Unterkapitel XY.« Zwei Seiten schreiben klingt absolut schaffbar und gleich viel weniger angsteinflößend, als dich an den Schreibtisch zu setzen mit dem Gedanken »Heute schreibe ich ein Buch«.

Die Trainerin in einer Weiterbildung für Positive Psychologie, die ich besucht habe, hat uns folgenden wertvollen Impuls gegeben, der mir sehr gefallen hat. Sie hat gesagt: »Leg dir die Latte so niedrig, dass es leichter ist drüberzusteigen als unten durchzukriechen.«

Durch das Erledigen der kleinen Teilaufgaben kannst du schnell Erfolgserlebnisse verbuchen, was deine Motivation steigert, positive Gefühle erzeugt und dich weiter antreibt, die Gesamtaufgabe anzugehen. Wichtig ist hierbei auch, dass du deine Zwischenziele feierst. Das Feiern von Zwischenzielen gibt dir die Möglichkeit, deine Fortschritte anzuerkennen und dir selbst positive Rückmeldung zu geben. Dies stärkt dein Selbstbewusstsein und hält dich auf dem richtigen Weg. Zum Beispiel kannst du dir nach dem Erreichen eines Zwischenziels eine kleine Belohnung gönnen, wie einen entspannten Abend mit deinem Lieblingsfilm oder ein besonderes Essen. Oder du machst eine kurze Pause und gehst spazieren, um den Kopf freizubekommen und neue Energie zu tanken. Du wirst sehen, dass du Fortschritte machst und dich motivierter fühlst, wenn du Teilziele erreichst.

Ich möchte dich auf ein großes Missverständnis hinweisen, das viele Menschen davon abhält voranzukommen und ihre guten Vorsätze in die Tat umzusetzen. Und zwar gibt es einen großen Unterschied zwischen Selbstregulation und Motivation. Die meisten Menschen glauben, dass sie mehr Motivation brauchen, um ihre Vorhaben in die Tat umzusetzen. Sie glauben, wenn sie erst genug Motivation entwickeln, dann werden sie immer das tun, was sie sich vorgenommen haben. So als wäre Motivation eine Art innere Superkraft, die dir magische Kräfte verleiht. Leider entsteht genau hier ein großes Problem: Denn Motivation ist in den meisten Fällen nicht der Auslöser für unsere Handlungen, sondern das Resultat unserer Handlungen. In der Regel kommt, erst nachdem du deine Aufgabe angefangen hast, auch die Motivation und die Energie, nicht aber vorher (klar gibt es auch Ausnahmen).

Vielleicht hast du es auch schon mal erlebt: Du hattest auf etwas überhaupt keine Lust, zum Beispiel Sport zu machen, abends noch Freundinnen zu treffen oder zu Hause mal auszumisten. Aber als du erst mal angefangen hattest, ging es plötzlich viel, viel leichter, du warst motiviert und energiegeladen. Motivation entsteht also ganz oft erst nachdem wir anfangen und nicht vorher.

Das ist auch der Grund, warum so viele Menschen prokrastinieren: Sie warten darauf, dass sie motiviert genug sind, um anzufangen. Dabei verstehen sie nicht, dass sie erst anfangen müssen, um den Motivationsschub zu bekommen. Manche Menschen warten auf die eine große Geschäftsidee, die die Welt verändern wird. Andere fangen einfach mit einer mittelmäßigen Idee an und werden damit erfolgreich. Manche Menschen warten auf den inneren Antrieb, um endlich ins Fitnessstudio oder joggen zu gehen. Andere gehen einfach jeden Montag, jeden Mittwoch und jeden Freitag. Manche Menschen warten darauf, dass sie endlich genug Mut und Antrieb haben, ihre Arbeitskolleginnen oder Arbeitskollegen nach einem Date zu fragen. Andere überwinden ihre Angst und machen es einfach.

Der beste Trick, um deine Selbstregulation zu aktivieren und einfach mit deinem Vorhaben anzufangen, ist dir, wie gesagt, die Latte sehr niedrig zu legen. Dazu möchte ich dich nun einladen.

ÜBUNG:
ZERLEGE DEIN ZIEL IN KLEINE REALISTISCHE SCHRITTE

Schritt 1: Wähle ein konkretes Ziel aus, das du erreichen möchtest. Im letzten Kapitel hatten wir folgendes Beispiel: »Ich möchte für den Urlaub ein paar Brocken Französisch sprechen, um mich besser mit den Einheimischen verständigen zu können und die lokale Kultur intensiver zu erleben.«

Schreib hier dein Ziel auf: ______________________________

Schritt 2: Unterteile dein Ziel in kleinere Teilziele oder Aufgaben. Zum Beispiel könntest du deine Lernziele in wöchentliche Lernpläne aufteilen und dir vornehmen, täglich 15 Minuten Französisch zu lernen.

Schritt 3: Definiere klare Verhaltensziele für jeden Tag. Zum Beispiel könntest du dir für morgen vornehmen, eine geeignete Sprachlern-App herunterzuladen und deine Lernzeiten festzulegen.

Schritt 4: Starte mit der Umsetzung deiner kleinen Teilziele und überprüfe regelmäßig deinen Fortschritt. Belohne dich für erreichte Meilensteine, zum Beispiel, indem du dir kleine Erfolgserlebnisse notierst, und passe deine Pläne bei Bedarf an.

Diese Methode hilft dir, große Ziele in machbare Schritte aufzuteilen und dich so besser zu organisieren, um deine Ziele zu erreichen.

Notiere hier deine Teilziele und -schritte:

1. ______________________________
2. ______________________________
3. ______________________________
4. ______________________________
5. ______________________________

MERKE DIR:

Zerlege dein Ziel beziehungsweise deine Aufgabe in kleine Schritte. Dann hast du eine klare Vorstellung davon, was zu tun ist und kannst dich auf die einzelnen Schritte konzentrieren, ohne dich von der Gesamtgröße des Projekts entmutigen zu lassen.

WIE GEWOHNHEITEN DEIN LEBEN DAUERHAFT VERÄNDERN

Vielleicht hast du schon einmal gehört, dass gute Gewohnheiten der Schlüssel zu einem erfüllten Leben sind. Um dies zu verdeutlichen, möchte ich dir die Bambus-Metapher erzählen. Die Bambuspflanze kann uns viel über persönliches Wachstum und langfristigen Erfolg lehren. (Erfolg sei hierbei so definiert, dass du dein Leben genauso führst, wie du das möchtest.) Fünf Jahre lang wächst der Bambus unsichtbar unter der Erde, entwickelt tiefe Wurzeln und schießt dann in nur sechs Wochen fast 30 Meter in die Höhe.

Stell dir vor, jemand würde eine kleine Bambuspflanze sehen, eine, die gerade erst aus dem Boden gekommen ist, und dieses Wachstum beobachten. Er würde sehen, wie diese Bambuspflanze in nur sechs Wochen 30 Meter hoch wird und vielleicht denken: »Wow, Bambus wächst echt superschnell.« Doch was er nicht sieht, ist die langsame, aber stetige Entwicklung unter der Oberfläche – ein Prozess, der genauso wichtig ist wie das sichtbare Wachstum.

Ähnlich verläuft auch unser persönliches Wachstum. Oft sehen wir nur die äußeren Erfolge anderer Menschen – ihren beruflichen Aufstieg, ihre Beziehungen oder ihren körperlichen Zustand –, ohne die Mühe und die inneren Prozesse zu bemerken, die zu diesen Erfolgen geführt haben. Veränderung, das Erreichen von Zielen und persönliches Wachstum sind keine Sprintrennen, sondern Langstreckenläufe. Es geht nicht darum, schnell und sofortige Ergebnisse zu erzielen, sondern darum, jeden Tag kleine Schritte zu unternehmen, die uns näher zu unseren inneren Werten und Zielen bringen.

Es ist wichtig, dir bewusst zu machen, dass dein Erfolg im Leben nicht nur von äußeren Zielen abhängt, sondern vor allem von deinen inneren Einstellungen und Gewohnheiten. Es sind die kleinen Dinge, die du täglich tust, die langfristig darüber entscheiden, wer du bist und wie erfüllt dein Leben ist. Glückliche Menschen haben täglich viele kleine positive Gewohnheiten, die sie ganz unbewusst ausführen.

Ich hoffe, ich konnte dich mit diesem Buch dazu inspirieren, genau solche positiven Gewohnheiten zu entwickeln und dich selbst besser kennenzulernen. Ich habe dir fünf Glückssäulen vorgestellt, die für dein permanentes Aufblühen essenziell sind und möchte dir zum Abschluss noch einmal das Allerwichtigste auf einen Blick zeigen:

P POSITIVE EMOTIONS (POSITIVE EMOTIONEN VERMEHREN UND NUTZEN)

- Gib dem Positiven in deinem Leben Vorrang, etwa indem du dir am Abend drei Dinge notierst, die an deinem Tag schön waren.
- Sei immer mal wieder bewusst und achtsam mit deiner Aufmerksamkeit in der Gegenwart, um das Glück im Jetzt wahrzunehmen.
- Lerne deine »negativen« Gefühle wahrzunehmen und zu erkennen, welches verletzte Bedürfnis dahintersteckt, damit du gut für dich sorgen kannst.

E ENGAGEMENT (FLOW ERLEBEN, EIGENE STÄRKEN KENNEN UND LEBEN)

- Lerne deine Stärken kennen und identifiziere deine Signaturstärken, damit du weißt, was dich ausmacht.
- Setze deine Signaturstärken bewusst mehrmals täglich ein, um Flow-Erlebnisse und Glücksmomente zu erschaffen.
- Setze deine Stärken auf neuartige Weise ein, um dein persönliches Wachstum zu fördern und deine Selbstwirksamkeit zu stärken.

R RELATIONSHIPS (POSITIVE BEZIEHUNGEN PFLEGEN)

Werde dir selbst deine beste Freundin/dein bester Freund, indem du dich selbstmitfühlend statt selbstkritisch behandelst.

Baue kleine wertschätzende Rituale in den Beziehungsalltag mit Menschen ein, die dir wichtig sind, zum Beispiel ein freundliches Lächeln, ein ernst gemeintes Kompliment, eine aufmunternde Nachricht.

Wende dich bewusst deinem Gegenüber zu, indem du offen für Gespräche bist, und vermeide die vier apokalyptischen Reiter: destruktive Kritik, Rechtfertigung, Verachtung und Mauern.

M MEANING (SINN IM ALLTAG TRANSPARENT MACHEN UND LEBEN)

- Erkenne Sinn in deinen kleinen, alltäglichen Handlungen, indem du bedenkst, dass du selbst darüber entscheidest, was für dich wichtig und sinnvoll ist. Erschaffe dir Geschichten über dein Leben, die dein persönliches Wachstum in den Vordergrund stellen, indem du erkennst, wie dich deine »Lebens-Narben« im positiven Sinne zu dem Menschen gemacht haben, der du heute bist.
- Entdecke deine Werte, reflektiere regelmäßig, ob dein Handeln im Einklang mit deinen Werten steht, und passe es gegebenenfalls entsprechend an.

A ACCOMPLISHMENT (ERFOLGSERLEBNISSE ERMÖGLICHEN UND SICHTBAR MACHEN)

- Frage dich, welcher Mensch du sein möchtest und handle danach.
- Verfolge intrinsische Ziele und formuliere sie als Annäherungziele.
- Stärke dein Wachstums-Mindset, indem du das Zauberwort *noch* benutzt, sobald dir auffällt, dass du dich gedanklich limitierst.

Es geht nicht darum, wie schnell du vorankommst, sondern darum, wer du auf dem Weg wirst. Jeder kleine Schritt, den du machst, bringt dich näher zu deinem authentischen Selbst und zu deinem erfüllten Leben. Wähle jeden Tag bewusst, wie du leben willst, und nutze jeden Moment, um deinem wahren Selbst näher zu kommen. Ich verspreche dir: Dranbleiben lohnt sich.

ANHANG

WAS DIR DEIN STÄRKENPROFIL VERRÄT

Du hast den Online-Stärkentest gemacht und nun das Testergebnis mit den 24 Charakterstärken vor dir liegen. Folgende Aspekte sind für die Interpretation der Ergebnisse wichtig zu wissen:

- Der Test misst deine Einschätzung, wie häufig du aktuell bestimmte Stärken in Denken, Fühlen und Verhalten einsetzt. Das Testergebnis zeigt dir eine Rangfolge von 1 bis 24 an. Je häufiger du eine Stärke einsetzt, desto weiter oben steht sie und je seltener du sie nutzt, desto weiter unten findest du sie.
- Die ersten Plätze der Rangfolge zeigen deine Top-Stärken an, dann kommen deine mittleren Stärken und im hinteren Drittel findest du deine sogenannten »schlummernden Stärken«. Ich finde diese Bezeichnung unglaublich charmant. Die Positive Psychologie kennt keine Schwächen, sondern nur schlummernde Stärken, die du aber »aufwecken« kannst, wenn du das möchtest.
- Jeder Mensch hat ein individuelles Stärkenprofil und alle 24 Charakterstärken stecken potenziell in uns. Du kannst dir das vorstellen, wie ein DJ-Mischpult mit 24 Reglern. Jeder Mensch hat diese 24 Regler, sie sind aber bei jedem unterschiedlich hoch eingestellt. Keine Charakterstärke ist besser oder schlechter als eine andere. Jede Stärke ist auf ihre Art und Weise wertvoll.

- Falls du eine deiner schlummernden Stärken aktiv trainieren würdest, indem du sie häufig und gezielt einsetzt, und dann den Test nach einiger Zeit wiederholst, wird die Stärke in der Rangfolge weiter hinaufgerutscht sein. Der Test misst wie gesagt die Häufigkeit des Stärkeneinsatzes. Da es sich um eine Rangfolge handelt, wird nun folgerichtig eine andere Stärke weiter nach unten wandern.
- Das Ergebnis des VIA-Stärkentests ist immer eine Momentaufnahme deiner persönlichen Charakterstärken, bleibt aber sehr stabil. Bei den Charakterstärken handelt es sich ja um deine gelebten Werte, das heißt, die Stärken entsprechen den Dingen, die dir wirklich wichtig sind und die du im täglichen Leben praktizierst. Wenn du den Test in einem Jahr wiederholst, wird dein Ergebnis sehr ähnlich ausfallen, außer du hast an dir gearbeitet oder es haben einschneidende Lebensveränderungen stattgefunden. Als ich noch als Angestellte in einem Produktentwicklungsteam tätig war, fand sich bei mir zum Beispiel die Charakterstärke »Teamfähigkeit« unter meinen Top-10-Stärken. Mittlerweile belegt »Teamfähigkeit« nur noch Platz 20 meiner Stärken-Rangfolge. Das bedeutet nicht, dass ich jetzt nicht mehr teamfähig bin, ich nütze diese Stärke als selbstständige Trainerin und Coachin seit mehreren Jahren einfach viel seltener als früher im Angestelltenverhältnis.
- Deine Signaturstärken können sich mit obersten Plätzen deines VIA-Testergebnisses decken. Bei mir sind zum Beispiel alle unter den Top 10. Es kann aber auch sein, dass sich deine Signaturstärken im Mittelfeld befinden, weil der Test misst, wie häufig du die Stärke einsetzt und nicht, wie wichtig dir eine Stärke ist.

Wie geht es dir, wenn du dir dein persönliches Testergebnis durchliest? Bist du zufrieden mit deinem aktuellen Stärkenprofil oder wünscht dir, es würde anders ausfallen? Wenn du dir dein Testergebnis durchsiehst, kann es zwei Möglichkeiten geben:

1. Du erkennst dich total darin wieder, fühlst dich ermutigt und bestätigt. Du hast den Eindruck, dass die identifizierten Top-Stärken gut zu deiner Persönlichkeit passen und bist motiviert, deine Stärken weiter zu stärken und noch häufiger in deinem Leben einzusetzen.
2. Oder aber du bist enttäuscht und unsicher, weil du lieber andere Stärken ganz vorne gehabt hättest. Vielleicht denkst du dir beim Blick auf deine Top-Stärken »Das sind doch keine echten Stärken«. Dein Fokus ist dann eher bei den schlummernden Stärken, die du am liebsten sofort aufwecken würdest: »Wieso ist diese Stärke nur auf einem hinteren Platz? Das sagt doch nichts Gutes über mich aus ...«

Bei meinen Coachees erlebe ich immer wieder Szenario zwei. Falls es dir auch so gehen sollte, ist es erst mal vollkommen in Ordnung, dass du dich fühlst, wie du dich fühlst. Und dann erinnere dich daran, dass du im Kapitel *Erste Glückssäule: Gib dem Positiven Vorrang* gelernt hast, dass unser Gehirn auf das Negative fokussiert, statt auf das Positive und du gerade die »Negativ-Brille« aufhast. Deine vorhandenen Top-Stärken weiter auszubauen, bringt dir viel mehr für dein Glück, als dich nur darauf zu fokussieren, welche Stärken aktuell noch schlummern. Um das meinen Coachees zu verdeutlichen, verwende ich gerne folgende Metapher: Stell dir vor, du lernst ein Musikinstrument zu spielen. Deine Stärken sind wie verschiedene Noten auf diesem Instrument. Anstatt zu bedauern, dass du nicht alle Noten perfekt beherrschst, spiele die Noten, die du kennst, und übe, um sie noch besser zu spielen. Das bringt dir sofortige Erfolgserlebnisse und stärkt dein Selbstvertrauen. Die Musik, die du erschaffst, wird schöner, je mehr du deine vorhandenen Fähigkeiten entwickelst.

DIE AUTORIN

Katharina Mühl, geb. 1987 in Wien, ist Glückstrainerin. Aufgrund einer Autoimmunerkrankung, die zum Verlust all ihrer Haare führte, begann sie, sich intensiv mit der Positiven Psychologie auseinanderzusetzen. Heute teilt sie ihr erlangtes Wissen in Workshops für Schulen und Unternehmen und begleitet Menschen in Einzelcoachings.

LITERATURVERZEICHNIS

Blickhan, Daniela: *Positive Psychologie. Ein Handbuch für die Praxis.* Junfermann Verlag, 2. überarbeitete Auflage, 2018.

Bossmann, Ulrike: *The Happiness Academy.* Onlinekurs, 2022.

Dweck, Carol: *Selbstbild. Wie unser Denken Erfolge und Niederlagen bewirkt.* Piper Verlag, 2. Auflage, 2017.

Fredrickson, Barbara: *Die Macht der guten Gefühle. Wie eine positive Haltung Ihr Leben dauerhaft verändert.* Campus Verlag, 2011.

Gottman, John M.: *Die 7 Geheimnisse der glücklichen Ehe.* Ullstein Verlag, 10. Auflage, 2022.

Lally, Philippa/ Van Jaarsveld, Cornelia H. M./ Potts, Henry W. W./ Wardle, Jane: *How are habits are formed: Modelling habit formation in the real world.* European Journal of Social Psychology, Ausg. 40(6), 2010.

McAdams, Dan P.: *The redemptive self: Stories Americans Live by. Revised and expanded edition.* Oxford University Press, 2013.

Neff, Kristin: *Selbstmitgefühl. Wie wir uns mit unseren Schwächen versöhnen und uns selbst der beste Freund werden.* Kailash Verlag, 12. Auflage, 2012.

Seligman, Martin: *Wie wir aufblühen. Die fünf Säulen des persönlichen Wohlbefindens.* Goldmann Verlag, 2015.

Smith, Emily Esfahani: *Glück allein macht keinen Sinn. Die 4 Säulen eines erfüllten Lebens.* Mosaik Verlag, 2018.

Smolka, Heide-Marie/ Turecek, Katharina: *Zum Glück mit Hirn. Ein verlockendes Angebot für Glücksskeptiker.* Springer Verlag, 2018.

MIX
Papier | Fördert gute Waldnutzung
FSC® C020353
FSC
www.fsc.org

Gendererklärung
Im vorliegenden Buch wird darauf verzichtet, bei Personenbezeichnungen sowohl die weibliche als auch die männliche Form zu nennen. Die weibliche Form gilt in allen Fällen, in denen dies nicht explizit ausgeschlossen wird, für beide Geschlechter.

1. Auflage

Medieninhaber, Verleger und Herausgeber:
Red Bull Media House GmbH
Oberst-Lepperdinger-Straße 11–15
5071 Wals bei Salzburg, Österreich

Umschlaggestaltung, Layout und Satz: Jefferson & Högerle, Köln
Covermotiv: Shutterstock, Romanova Ekaterina
Illustrationen: Shutterstock, Romanova Ekaterina
Gesetzt aus der Proxima Nova und Proxima Sera

Gedruckt bei Neografia in der Slowakei

ISBN 978-3-7110-0336-2